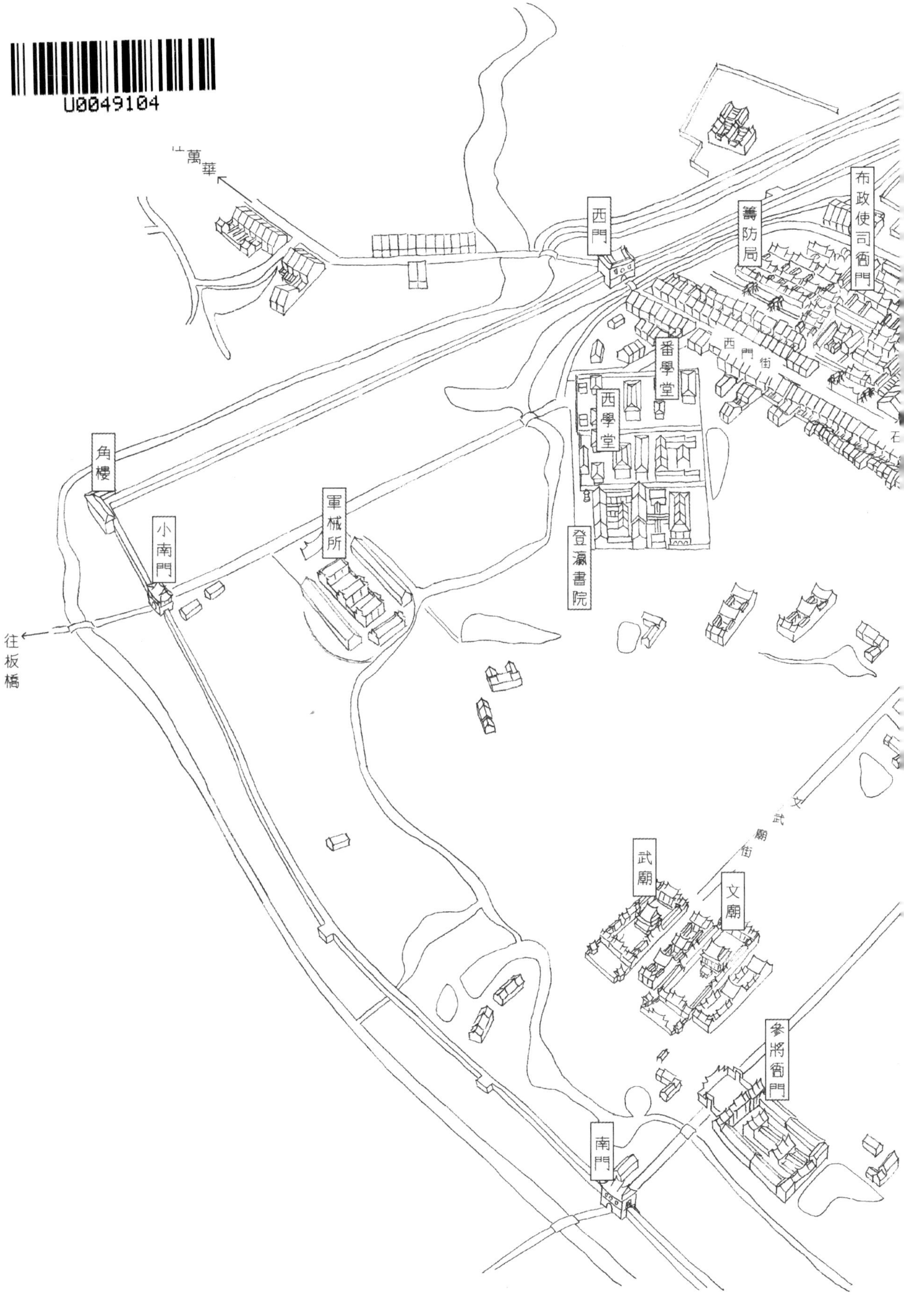
萬華
西門
籌防局
布政使司衙門
番學堂
西門街
西學堂
角樓
小南門
軍械所
登瀛書院
往板橋
文武廟街
武廟
文廟
參將衙門
南門

作者簡介

徐逸鴻

台灣新生代古蹟與手繪建築達人。

一九七七年生，桃園縣觀音鄉人。進入古建築領域已有二十多年，曾任職李乾朗工作室助理。

擅長攝影、繪畫，並從事許多建築測繪與插圖繪製工作。

中國文化大學建築暨都市設計系學士，台北藝術大學建築與古蹟保存研究所碩士。曾就讀北京清華大學建築歷史與文物建築保護研究所博士班；目前在台北市主持「木也建築學堂」。

著有《圖說艋舺龍山寺》、《圖說日治台北城》及《圖說清代台北城》三書。

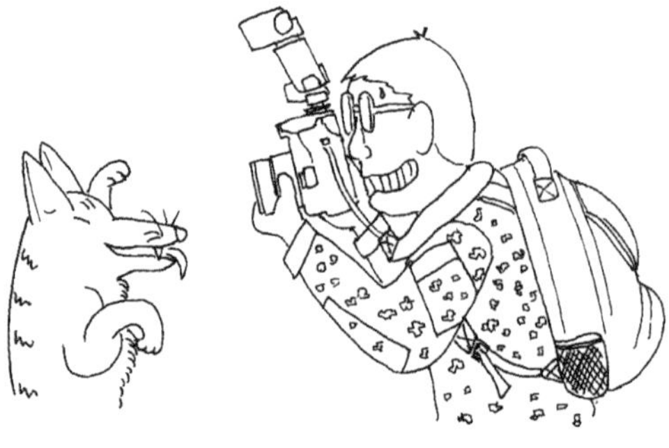

台灣珍藏

23

圖說 清代台北城

風華金典藏版

徐逸鴻 著/繪圖

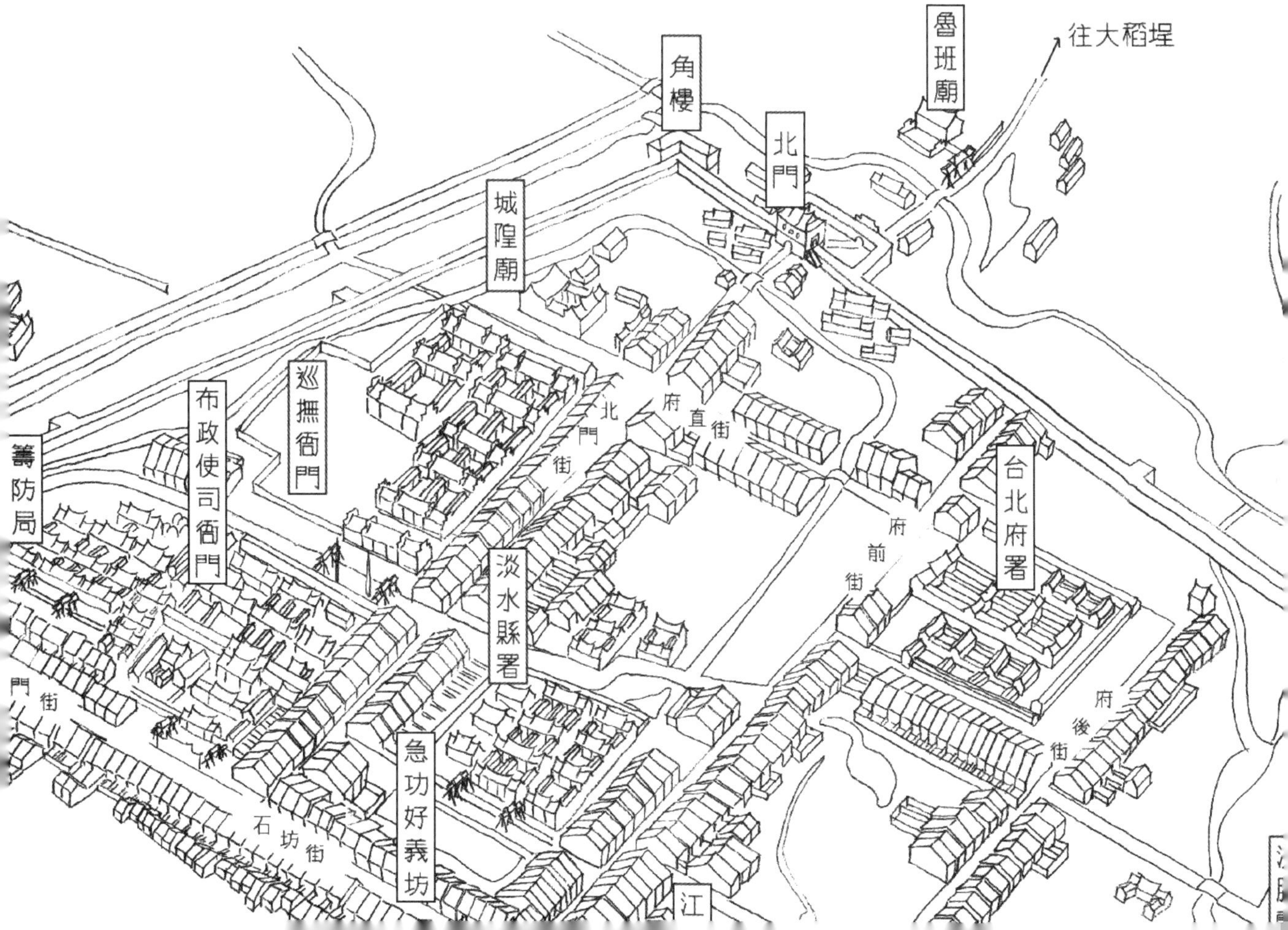

前輩專家同聲推薦（依姓氏筆畫序）

本書以簡單易懂的圖像記錄台北城的發展歷史，讓讀者可以很快地在時光隧道中，對台北有更深的了解。

——王惠君（台科大建築系教授）

城市是許多人懷抱希望和編織夢想的地方，留在大地上的建築是城市誕生和成長的歷史見證。用手繪的建築圖說來勾繪台北城市的誕生和成長，讓人可以回味先人的希望和夢想，也讓人可以浪漫地閱讀城市歷史。

——呂理政（國立台灣歷史博物館第一任館長）

愛聽故事是人的天性，故事除了人物外，如果有實際存在的地點、空間與建築物印證，那麼更能引人入勝。台北城的故事近年在歷史專家的鑽研下逐漸明朗化，而且相關的古蹟也受到保護，常常可見到熱心的人士擔任導覽工作。徐逸鴻這本《圖說清代台北城》係根據史料，加上想像力而成，希望建構一個曾經存在過的歷史空間，吸引讀者走進去。逸鴻的建築學習背景，使書中的圖畫呈現清晰而富立體感的特色。我樂於推薦這本好書給廣大的讀者。

——李乾朗（台灣古建築專家）

這是一本讓你了解台北城前世今生的絕佳作品！

——李清志（建築文化工作者）

要了解台北，就從這本《圖說清代台北城》開始吧！定有感動的饗宴！

——林保堯（台灣佛教藝術專家、台北藝術大學文化資源學院前院長）

推薦序

通俗易解的史蹟教育之作

邱博舜（國立台北藝術大學建築與文化資產研究所副教授）

歐洲至今存留大量古蹟及歷史性城鎮，當地對古蹟環境的認同，可謂是一個全民教育，自幼耳濡目染，自然而然，絲毫不勉強。相較之下，台灣地狹人稠，加上政權的更迭和經濟的躍進，老環境的消失，非常快速，於此要推動史蹟維護，就困難許多，史蹟的大眾教育，顯得非常必要。有感於此，逸鴻的通俗著作《圖說清代台北城》的出版，可謂意義重大。

通俗的著作有一定的挑戰，作者必須有融通的知識，有深入淺出的能力，還必須使用生動活潑的文筆和引人入勝的呈現方式。逸鴻個性沉著，謙沖自牧，悠游於建築文化資產，以為終身的志業。他不辭勞苦，勤於實地參訪，閱歷廣博，累積數十萬計的建築聚落照片和豐富資料。他還有延伸自建築訓練的素描深厚功力。這些多重的長期積澱與涵養，發為此版，自必粲然可觀，稚趣橫生。

當然，此作雖以「清代台北城」為名，所處理部分主題及內容，如平埔聚落、西式城堡、淡水港、新莊街、板橋林家，甚至日治時期的建設，難免離題之嫌。另外，插畫的設景與細部添加，或許在考據上，更須小心。但為利完整說明，內容範圍，適度外延，也不為過；為求趣味，適度的想像性加添，誰曰不可？瑕不掩瑜，總體而言，整體出版

疏朗清爽，賞心悅目，內容紮實但袪除學究的書袋，通俗易解，必然廣受讀者之歡迎，對於史蹟的大眾教育，將會很有貢獻。是為序。

二〇一一年秋

謹識於台北藝術大學建築與文化資產研究所

推薦序

一種更甜美也可能更憂鬱的台北學

顏忠賢（實踐大學建築設計系教授）

這本書是一種台北學。一種更甜美也可能更憂鬱的台北學。因為整個台北歷來的有點災禍瘴癘、有點窮山惡水、有點郊拚械鬥、有點官逼民反、有點巴格耶魯、有點不容易四維八德而同時土生土長地活下去的困難。這本書不免暗示著我們，緊緊懷抱的關於一個終極的台北學想像突然變得不太重要。

更後頭更巨大的寓言。「台北」是：歷史劇、懷舊電影、老歌、古典戲曲譜本、風水、史詩、科舉考題的再引用。當然，這裡頭更包含一個城市史線性發展的假說；「艋舺」、「大稻埕」、「城內」，但其實是在尋找一種較流動較連鎖的反應，這三個城區仍然從清代起就擁有自身在擅場歷史前進與後退的柳暗花明，彼此相互覬覦，相互消長。而落地生根之後，跟著而來的一大段歷史及其長出的地理，舊的、較舊的、或古老的、自然的、活過的城市的某些殘餘地帶仍然在。仍然用其餘緒在這本書中緩緩現身。

這本書那麼有耐心地描述這個我們不常有耐心地活在裡頭的城市。所以，在裡頭，我們或許可以發現更多更有意思關於產業史的、殖民史的、科技史的……關於這個城市的不同打量。

一個說書說的更抒情又更窩心的台北。一個用素描淡彩塗鴨出來更樸素的台北。一個分鏡切割得更細更蒙太奇更繁複運鏡更奇幻的台北。

其實，這本書真的好好看。

因為，沒有老派建築學院派的酸腐。沒有城市史研究批判路線的嚴厲。雖然這裡頭的台北那麼古那麼遙遠，但是卻反而因為較不緊張的復刻版口吻，顯得更為體貼地迷人而動人。

從荷蘭紅毛番蓋的紅毛城的廢棄到大稻埕洋行茶行種種洋樓的廢棄。從仍然有凱達格蘭女巫做法治病的療癒到馬偕牧師天主教宣教傳道的療癒。從天地會戴潮春反清復明叛變的慘烈到漳泉械鬥頂下郊拼搶地盤廝殺的慘烈。清代的台北是因此半筋半肉地兌現出來其古老城市面貌肌理的栩栩如生……

然而。這畢竟是一本很多鳥瞰圖透視圖平面立面剖面圖畫出來的古城建築故事書。

在書裡頭。台北是一個飽含硫磺礦和獵人頭野番的盆地。也是一個講究風水又講究生意的老城池。更是一個充滿老廟書院合院商館的古都。

這些線索在這些章節中訴說著很多那個時代的故事及其歷代建築繁華後頭的種種。

諸如：平埔族聚落茅草竹結構屋頂的傾斜如何妖異。艋舺城內的隘門曲巷弄巷戰過的吆喝如何混亂。大龍峒四十四坎街屋到迪化街狹長店屋的市井如何喧囂。龍山寺到保安宮到霞海城隍廟慶的搶爐主般的熱鬧如何虔誠。板橋林家花園陳悅記古宅辜顯榮洋樓的大商如何海派。蓋鐵路設衙門辦宗祠建領事館的近現代如何波折。

從一六二六年建紅毛城至今三百多年來得太過滄桑。所有這個城市的身世的變遷及其流離，都可以用此書更清晰也更迷離的史料、更嚴謹也更鬆散的史觀，再活一回、再喚出一回。

而台北就因此更銳利更鮮活地浮現了。在這本書中找尋到某種更奇幻的奇想。栩栩如生地。

自序

本書是繼《圖說艋舺龍山寺》之後，以手繪圖解的方式，探討台灣古建築的第二本書。以都市史角度，來描述台北在清代以前，乃至於清代兩百餘年間的建築文化。所涵蓋的內容，有西班牙、原住民、漢人民居、聚落、都市、官方建築，以及清末開港通商後，出現的洋樓、教會等西式建築。除建築之外，內容還涉及到產業、民俗文化等方面，期望能在建築的表面下，更深刻了解其背後內涵，並在手繪圖帶領中，讓讀者輕鬆地深入古建築的世界。

書中有許多都是在台北曾經出現過，現在卻已經消失不見的建築，僅能依賴歷史資料、照片等加以復原，因此難免有些推測的成分。繪製這些插圖的目的，主要並不是學術性的探索，而是為了提供一個比較明確的古台北映象，讓我們回到過去的時空。當然，大部分的復原工作還是有所依據的，甚至可以說是考證遠多於推測，因此也期望能夠提供給許多古建築同好們，做進一步的探索。

本書在製作過程中，由於個人不斷的拖稿，使得編輯和美編工作非常辛苦，在此要對編輯和美編致上最高的謝意。台北雙連社的吳宗信社長、台北靈安社吳柏勳總幹事、台北大龍峒金獅團李世澤理事長，熱心提供許多專業資訊，幫助本書的製圖更臻完美。更感謝莊永明老師對內容提出指正，還有邱博舜老師、顏忠賢老師、李乾朗老師、林保堯老師、王惠君老師、呂理政老師、李清志老師願意為本書提供推薦序與推薦語，在此一併致謝。北京清華出版社的徐穎女士，好友林裕鈞、紀幸芯等，在撰稿中不斷給予我精神支持。最重要的，是父母給我的支持，讓我可以全心投入這本書的工作。

徐逸鴻
二〇一一年八月二十日
於台北吉林路

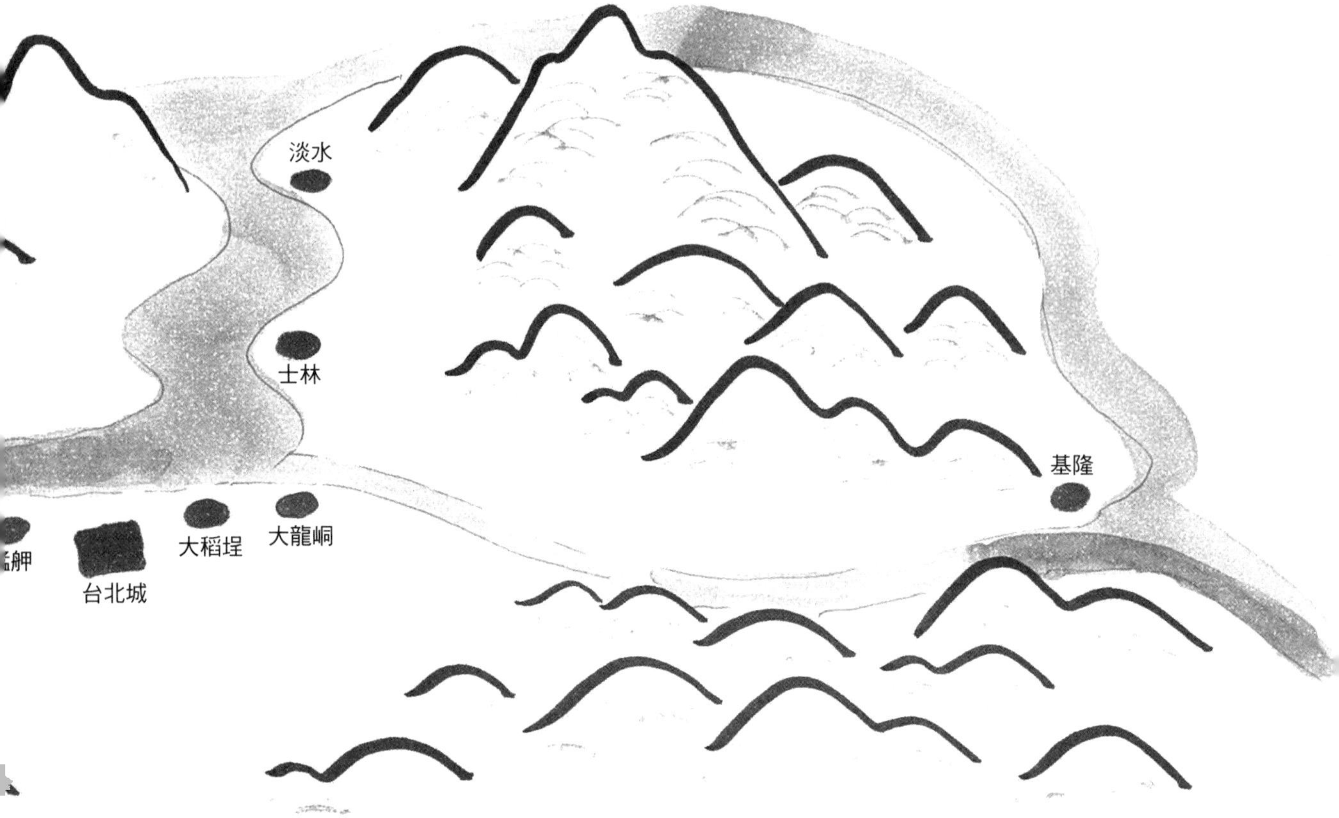

目次

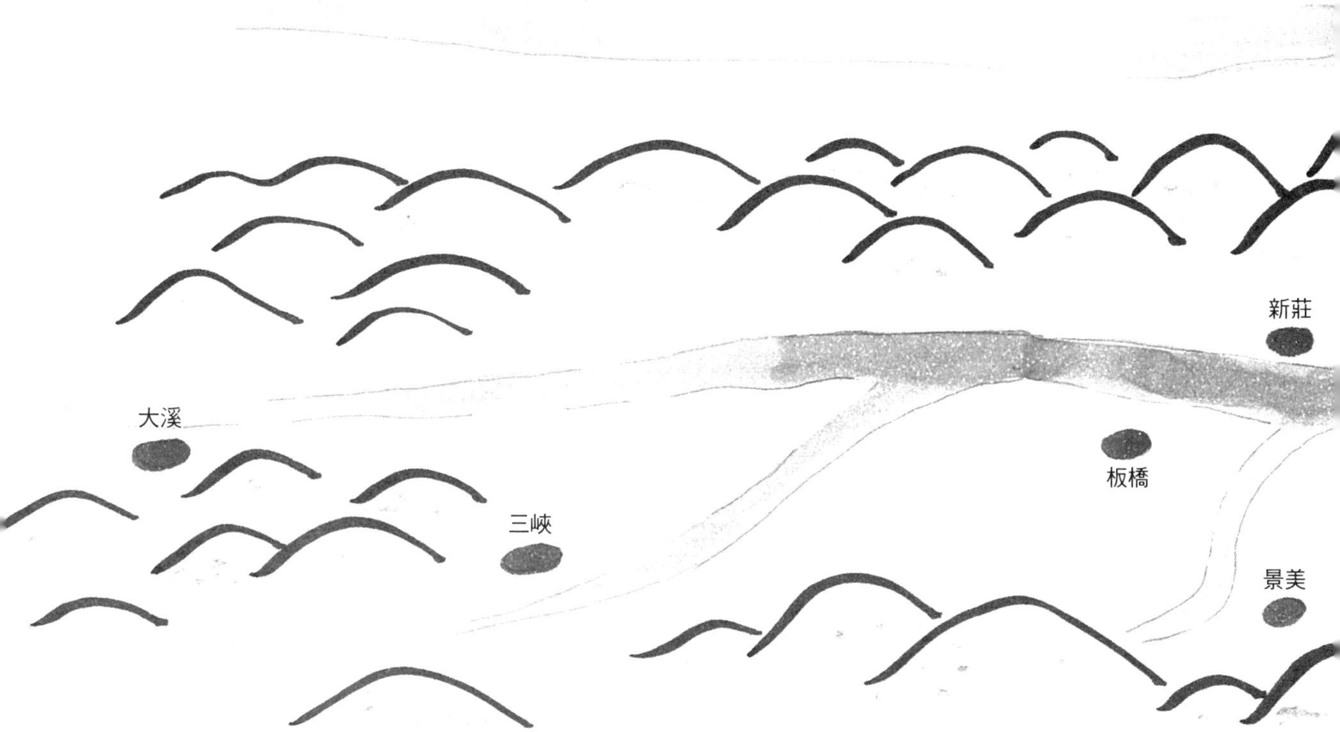
新莊
大溪
板橋
三峽
景美

西式城堡在台北

在十七世紀的大航海時代，葡萄牙、西班牙、荷蘭等西方海上列強陸續前往東亞地區尋找商業貿易與殖民利益。他們在台灣周圍與中國商人和日本商人作生意，其中包括了倭寇、海盜等等，形成複雜的貿易網路。

荷蘭人原先占據澎湖島作為基地，但在明朝政府的壓力下放棄澎湖，於一六二四年轉而進入台灣南部，在台南安平的海邊沙丘上建造「熱蘭遮城」，作為東亞地區的貿易據點，開啟了荷蘭人對台灣南部長達三十八年的統治。

兩年之後，即一六二六年，為了在軍事、貿易航路上制衡荷蘭人，西班牙人占領了台灣北部的基隆，並在基隆外海的雞籠島（現在的和平島）上建造起一座堡壘，稱為「聖薩爾瓦多城」（San Salvador，或稱「聖救主城」）。西班牙人之所以選在港外的島嶼建立要塞，一來可以控制港口的出入航道，二來可以防禦來自陸地上的攻擊。

聖薩爾瓦多城位在雞籠島的西南角尖端位置，堡壘內有教堂、醫院，堡壘外則有醫院、長官宅邸、市場、教堂等建築群。市鎮周圍並沒有城牆，而是靠堡壘保護。這種建在市鎮旁的小型要塞稱為「護堡」，當時荷蘭人在台南安平建造的熱蘭遮城與大員市街，也類似這種格局。

堡壘的建造先從位於四個角落的稜堡開始，稜堡相當於一座獨立的堡壘，是主要架設火砲的地方。完成之後再用城牆將四座稜堡連接起來，形成四方形的平面，這是當時西方人認為最佳的堡壘形狀。聖薩爾瓦多城也採用了這種典型的四方形平面，花費大約十年時間建設完成。

另一方面，在與雞籠島隔海相望的台灣本島沿岸，西班牙人也慢慢建立起街市。除了基隆地區，西班牙人還在淡水河出海口（現今的淡水鎮北邊）建造了一座木造小城堡，稱為「聖多明哥城」（Santo Domingo）。這座城堡位在小山岡上，可以俯瞰淡水河口，視野良

好。根據紀錄，城堡周圍還有一些防衛的小據點（今已不存）。這座木造的聖多明哥城曾被原住民焚毀，之後改以石材重建。

就這樣，西班牙人以雞籠島的聖薩爾瓦多城和淡水河口的聖多明哥城為主要據點，在台灣北部和福建沿海的中國商人進行貿易，並將貨品運到菲律賓的馬尼拉，持續了約十六年的時間。西班牙人和當地的原住民基本上是和平相處的，用銀幣和原住民交換木料、山產和漁獲等，西班牙傳教士也向原住民傳教，因此有許多原住民學會了流利的西班牙語。不過也兩度發生傳教士和士兵被原住民殺害的事件，西班牙人則以焚燒村落作為報復。

一六四二年，荷蘭人從台南派軍隊北上，擊敗了西班牙人，將其逐出台灣北部。當西班牙人退出時，摧毀了聖多明哥城，荷蘭人接著在一六四四年重新建造這座小城堡，使用材料為磚、石，以及數千包的石灰，完成的堡壘非常堅固，牆壁厚約一・九公尺，內部分上下兩層，為半圓拱頂結構，不但成為荷蘭人在北部的主要據點，並被改稱為「安東尼堡」（Fort Anthonio）。又因為台灣民間稱荷蘭人為「紅毛番」，因此這座城堡也被稱為「紅毛城」。後來，在荷蘭人退出台灣之後，鄭成功曾經派軍隊把守紅毛城，清朝雍正年間也仍有駐兵整修的紀錄，但終究日漸廢棄不用。而今，紅毛城經過三百六十餘年的歷史變遷，仍然完好保存至今，是台灣最古老的建築之一，並列為國家一級古蹟。

另一方面，西班牙人在基隆建立的另一個據點，雞籠島上雄偉的聖薩爾瓦多城，同樣在西班牙人退出台灣北部後落入荷蘭人手中，但除了一座主稜堡外，大多廢棄不用，直到荷蘭人在台末期才加以重建，並在抵抗鄭成功進攻時發揮了作用。聖薩爾瓦多城直到日治時期還存有遺跡，日本建築學者曾進行現場調查，可惜在一九三七年時，為了建設造船廠而夷為平地，讓這座宏大的堡壘走入了歷史。

郁永河採硫礦

荷蘭人和西班牙人於十七世紀初期分別在台灣南部和台灣北部興建西式城堡，後來，鄭成功在清順治十八年（一六六一）進入了台灣。但是，台灣直到康熙二十一年（一六八二）才被清廷收入版圖，歸福建省管轄。清廷初將台灣納入版圖時，官方統治以台灣南部為主，首先在台南設立府城，並在台南周邊地區設置了三個縣。

十四年後，也就是康熙三十五年（一六九六），福建省的省城福州發生火藥庫爆炸的意外，炸毀了五十萬斤的火藥。地方官員為了彌補損失，指派郁永河在隔年到福建省轄下的台灣來，擔負起開採硫礦的任務。郁永河先搭船抵達台南府城，採購了布匹、油、鍋、糖、米、桶子等各種生產工具和日用品，並用兩艘船運往台北後，才以乘車走陸路的方式一路北上。

然而，此時的台灣北部仍然是未開發的蠻荒之地，

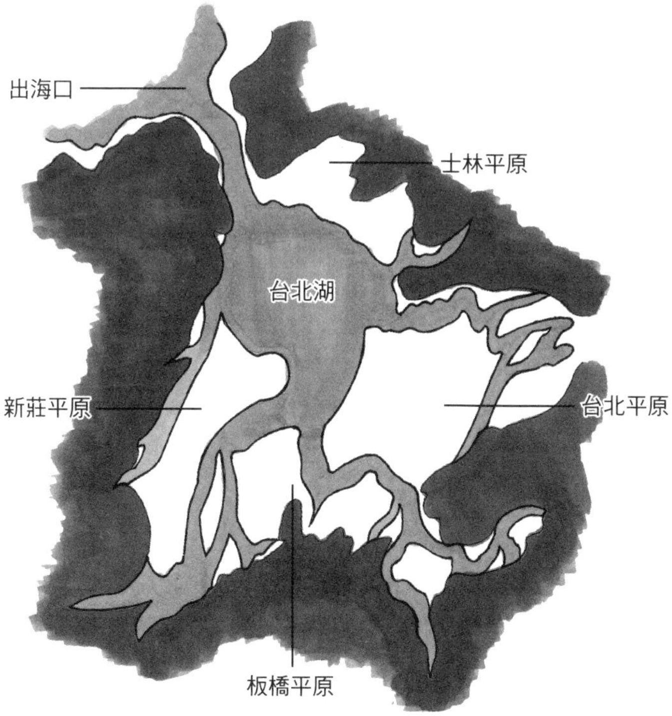

漢人進入之後動輒生病死亡，台南府城的官員曾力勸郁永河不要親自北上採硫，不過郁永河是個愛好旅行的人，在福建時就已走遍全省，到台灣一直是他的夢想，所以他不顧重重險阻，依然率隊北上，並詳細記錄沿途的見聞。

台北盆地由許多山脈和河流組成：北有大屯火山群，西有觀音山，周圍還有許多丘陵地。盆地內則有淡水河流域的許多支流，如大漢溪、新店溪、基隆河等，從盆地中心到出海口至多不過二十公里左右，環境可謂得天獨厚。而且，火山地形讓台北盆地盛產硫磺。據史料記載，早在元代就有漢人到此與原住民進行硫磺交易。西班牙人和荷蘭人一前一後占領台灣北部的時候，也曾進入台北盆地採硫。

當郁永河一路顛簸北上，最後終於乘船從關渡進入台北盆地時，他眼中看到的，是康熙三十三年（一六九四）台北盆地發生大地震之後，因地層下陷所產生的一座湖泊，面積約為一百五十平方公里，稱為「康熙台北湖」。在湖岸邊，郁永河請原住民蓋了茅屋作為臨時住所與煉製硫磺的作業場，還用布匹和原住民交換硫土，並以油鍋煉製硫磺，也就是先將硫磺土搗碎

曬乾，再加油攪拌，讓硫磺隨著油析出的煉製法。

雖然郁永河在台北的期間遇到了颱風、原住民襲擊，身邊的隨從和工人一一病倒，但最後仍然順利完成了煉硫磺的任務，平安回到省城福州，可說是九死一生。

硫磺是製造火藥的原料，清代為了安全的理由，禁止民間開採硫磺，僅在官方有需要的時候開採。清朝末年，西方列強對台北盆地的硫磺很有興趣。中法戰爭（一八八五）議和時，法國就曾企圖占有台北的硫磺礦，但被清廷拒絕了。此後，清廷也終於正視起硫磺礦的經濟價值，劉銘傳在台灣主政時將之納入國營開採，外銷營利。到了日治時期，台北更因為硫磺帶來的溫泉資源，在日本人的經營下發展出著名的溫泉休閒產業。

凱達格蘭族

早期西班牙人和清初的郁永河來到台北的時候，他們接觸到的原住民仍然保留著原始生活方式。據西班牙人記載，這些在淡水河流域的原住民以農耕、捕獵為生，過著自給自足的生活，一切生活所需都自己動手製作。部落中還有為人治病的女巫。他們沒有宗教信仰，但很相信占卜，並保有獵首的習俗，敵對的部落會互相攻擊。在部落中，勇士

和老人是受到尊敬的。這些原住民總是在稻米結穗、收成以及獵首之後，喝酒狂歡、唱歌跳舞。

除了台北地區的原住民，還有另外一支擁有特殊商業文化的原住民，落腳於北海岸的金包里社和大雞籠社。這一支原住民並不從事漁獵或農業生產，也沒有獵首的習俗，而是善於製造各種生活用品，如鹽、衣物、小刀、鐵製農具等，並且有著精明的生意頭腦，懂得分別與來自海上的漢人與內陸原住民部落作生意。他們

所用的馬賽語，在當時普遍為台北地區的原住民使用，可說是一種商業語言。

台北地區原住民現在被稱為凱達格蘭族，屬於平埔族的一支。平埔族介於漢人與高山族之間，由於大多生活在平原地區，漢化較早。他們的服裝、文化以至於生活方式，在整個清代逐漸漢化，不但漸漸改住漢人的合院式住宅，也開始向地方官繳交稅賦。根據郁永河的記載，住在平地的已開化原住民，被稱為「土番」，而深山中的未開化原住民，則被稱為「野番」。到了日治時期，日本學者將台灣原住民分為高砂族與平埔族兩大類，平埔族的說法才比較正式的定下來。而有關清代平埔族的一份重要文獻《番社采風圖》，是清代一位名叫六十七的巡台御史，在乾隆十年（一七四五）左右製作的，為台灣原住民留下了寫實的圖畫紀錄，讓人得以一窺清代平埔族的生活樣貌。

平埔族的聚落稱為「社」。在台北盆地主要有大浪泵社、圭武卒社、麻少翁社、八芝蘭社、北投社等。在《番社采風圖》中，番社周圍以木或竹作成柵欄，圍出界線，防禦功能相當明顯。入口處則立起大木柱，並在村落外圍設置瞭望樓。瞭望樓多以竹子為結構，上覆茅草屋頂。

平埔族的住屋，底部以土臺為基礎，在臺上建立房屋或作干欄式建築。台灣北部尤其以干欄式建築為主。干欄式建築是一種用柱子架高的建築，底部通風，具有良好的防潮功能，屬於比較原始的建築方式，除了台灣之外，也廣見於中國南方與東南亞地區。建築結構通常以木、竹製作。

平埔族的屋頂多以茅草製作。他們建造房屋的方式相當有趣：先將屋身與屋頂分別作好，再用人力將屋頂舉起，放到屋身上，顯示出屋頂是一種簡單輕巧的結構。屋頂的造型有點類似漢人的歇山頂樣式，四面有屋簷，兩端還用茅草作出弧形收頭，外觀活潑，令人印象深刻。

牆面則是用竹片編織而成，房屋牆壁不作垂直，而是作成斜面往外斜出，使得室內高處比低處的面積還要大，這種設計似乎有防止雨水打溼牆壁的功用。

平埔族村落中各種以木、竹、茅草建造的建築，都是就地取材，並符合台灣地區的氣候環境，表現出了平埔族人的生活智慧。

漢人進入台北盆地開墾

台北這個名稱，一直到光緒元年（一八七五）設立台北府後才正式開始使用。康熙年間，台北隸屬諸羅縣；雍正年間，改為隸屬淡水縣管轄，此時的台北被概稱為淡北地區；乾隆年間，淡水廳治改設在竹塹城（現在的新竹），官制隨著北部逐漸開發而改變；最後終於在光緒元年，正式設立台北府。

然而，即使台北府的設立距今不過一百三十多年，台北盆地的開發卻遠早於此。台北盆地周圍是山地與丘陵，盆地內以大漢溪、新店溪、基隆河為主的淡水河水系，將盆地切割為台北平原、士林平原、新莊平原和板橋平原等四大平原。（可參考15頁插圖）

台北地區第一個有組織開墾的紀錄出現在康熙年間。康熙四十八年（一七〇九），官方發給泉州人的開墾組織「陳賴章」第一份開墾許可。「陳賴章」是一個集合了眾多資金以開墾大量土地的合股組織，由墾戶（開墾首領）招集佃戶（佃農）來開發土地，並有優先承租土地的權利。「陳賴章」不但是第一個領到台北地區開墾許可的組織，更是漢人進入台北盆地開發的重要里程碑。

當時種的農作物以水稻為主，需要大量水源，水利工程的興修因此成為關鍵，也是拓荒開墾中最困難的一件事。水利工程以埤、圳兩種為主。埤是大型的蓄水池，是比較簡單的水利設施。水圳則是利用水往低處流的原理，在高處尋找水源地引流而下，不但得開鑿圳道，還要視地形架高管道或埋設地下管線，是一種大型的土木建設，需要取得土地並投入大量資金。當時台北盆地的水圳大多透過合股方式興建，或由業戶（土地所有者）和佃戶共同合作的方式開闢而成。

在陳賴章入墾台北的同年，台灣中部的彰化地區也開始建造八堡圳，並於十年後（一七一九）建成，灌溉面積一萬兩千餘甲，是清代台灣最大的水利工程。台北盆地的水圳開發較晚，大多在乾隆年間修築，最大的水圳是乾隆元年由漳州人林秀俊（又稱林成祖）為首，在板橋平原開發的大安圳，灌溉面積一千七百三十甲。第二大的水圳則是台北平原的瑠公圳。乾隆二十五年（一七六〇），漳州人郭錫瑠建造瑠公圳，屢次失敗，抑鬱而終，他的兒子繼承他的遺志，終於完成了水圳的開發，從台北南方的新店溪引流往北，灌溉面積一千二百甲。

整個清代，台北盆地共建造了三十六條水圳，灌溉面積達到一萬甲左右。其中有百分之七十的面積於乾隆年間完成，是台北土地開墾的高峰時期。乾隆初年到嘉慶初年的台北地區人口從三萬增加到二十一萬，可見人口也隨著土地拓墾，大為增加。

水田屬於精耕文化，一年兩穫，分別在五月和十月左右收成，秋天收割之後還能再種番薯或蔬菜，所以一年總共可有三次收成。水田的耕作需要花費很多人力，先培養幼苗，再移植到水田中生長，稻熟之後得收割、打稻穀、曬穀。為了保持地力，還要以稻草、水肥等製作肥料，可見農人工作之辛勞。在田裡工作時，水牛是不可或缺的好幫手，牛車則是農村中主要的運輸工具。此外，農家多半還會養豬作為食物來源。

西方傳教士馬偕牧師記述了清末台北地區的農民生活：早上四點起床吃早餐，五點到田裡耕作，十點吃點心，中午回家吃飯後休息一個半小時，之後又繼續在田裡工作，下午吃一頓點心，一直到晚上七點才回家休息，吃一頓比較豐盛的晚餐，然後大約在晚上九點睡覺，如此過著日復一日的規律生活，並且世代居住在同一個地方。在當時，農民是社會裡重要的生產者，很受人尊敬，而且農民大多勤奮、誠實、可靠，是社會上品德最良好的人。而以農耕為主的台北盆地，四處可見平靜純樸的農村生活。牧童、水牛、水田和三合院，則是農村田園中最具代表性的景觀。

三合院
土地公
稻田
水圳
洗衣
菜園
埤塘

鄉村裡的民居建築：合院

隨著漢人進入台北盆地從事開墾，合院建築也被引進了台北地區。

合院的格局以「一廳二房」為基本單元。廳堂在中央，兩側為住房，再往兩側則是廚房和倉庫等等。整個合院中央的廳堂稱為「公媽廳」，是祭祀祖先之處，放置神龕、神桌，廳堂兩側放太師椅，是宅內最重要的空間，重要的祭拜儀式和會客都在公媽廳進行。

公媽廳所在的單元稱為正身。正身一般有三、五、七開間不等。而與正身垂直相接，建造在兩側的則是護龍（伸手）。護龍可以往前延伸，也可以往兩側擴充成為外護龍，是一種非常靈活的建造模式，不但可以考量地形作配置，還能依據人口多寡、財力因素來決定規模，甚至分期建造。像這樣有機生長的合院建築，可說是傳統大家族生活的產物。

合院建築的主要精神在於庭院，這一點從其名稱

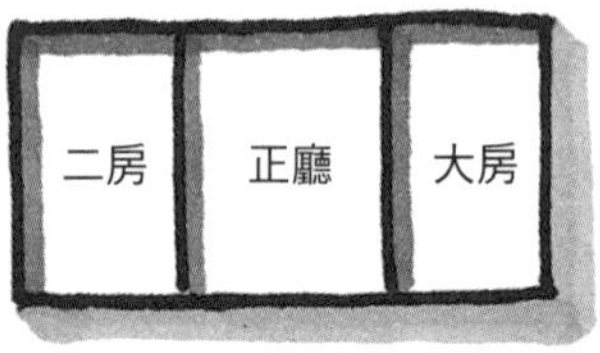

一條龍（三開間）

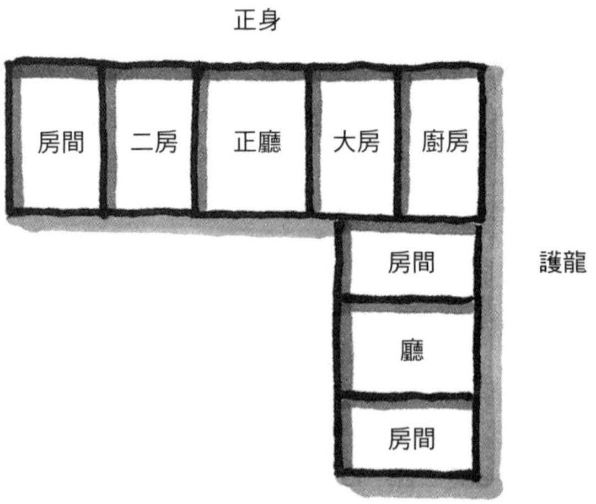

單伸手

一條龍（五開間）

「合院」就可看出來。所有的房間前方都有庭院，提供私人的戶外生活空間，並對外保持隱密。庭院不但具有採光通風的功能，也是重要的生活空間，可晾衣曬穀、栽種花草，或設置水井。在合院中，庭院就是自己的小天地，日曬時接受陽光，雨天時接收雨水，讓人一抬頭就可以看到天，是一種非常人性化的設計，讓人和自然保持著適當的接觸。

也因此，合院裡的每一個房間，面對庭院的一側都是開放的，對外的一側則顯得封閉。合院四周圍以刺竹，稱作「竹圍」。這種刺竹直徑小、枝幹多，生長細密，難以穿越，在台灣北部廣用於屏障住宅。有些合院除了種植竹林外，還會設置竹屏牆以保安全。台北早期的合院建築都帶有濃厚的防禦特性。除了竹圍之外，牆面上還廣布槍眼，並在合院前方或四個角落設置兩層高的槍樓，這樣的防禦特色尤其在安溪厝（安溪人的住宅）中表現得特別明顯。

合院屋內設有走廊，連通每個房間。走廊通常設在面對中庭的一面，以便直接開門進出中庭，有些合院的室內走廊做得特別寬，成為飯廳，很有特色，台北地區現在還有一些建築保存了這樣的作法。也為了妥善利用

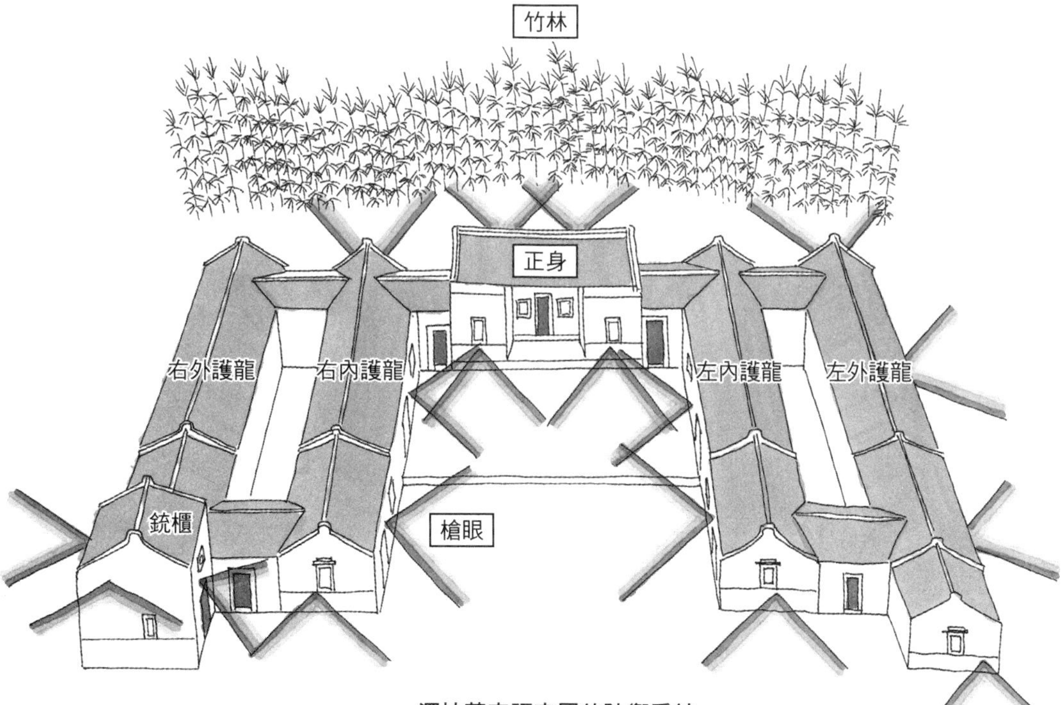

深坑黃宅福安居的防禦系統

空間，臥房內部經常設有夾層，用來放置雜物。

在公媽廳的入口處上方，掛著一支燈樑，這是用來吊天公爐和燈籠的。天公就是玉皇大帝，每天都要燒香禮拜，並在天公爐內插香。燈籠則為「字姓燈」（兒婿燈），燈上寫姓氏與祖先擔任過的官名。家裡如果有奉祀神明，也可掛寫有神明字號的燈籠，稱為「官燈」。

廚房通常設置在正身兩側與護龍交接處，大家族的合院可能會有一個以上的廚房。護龍的最前方或護龍之外通常作為儲藏間或豬舍。廁所在早期是沒有的，婦女或小孩使用放在屋裡的尿桶和屎桶，男人則到豬舍去方便。

有些合院前方會作水池，多半是在建造土牆時挖土造磚所形成。

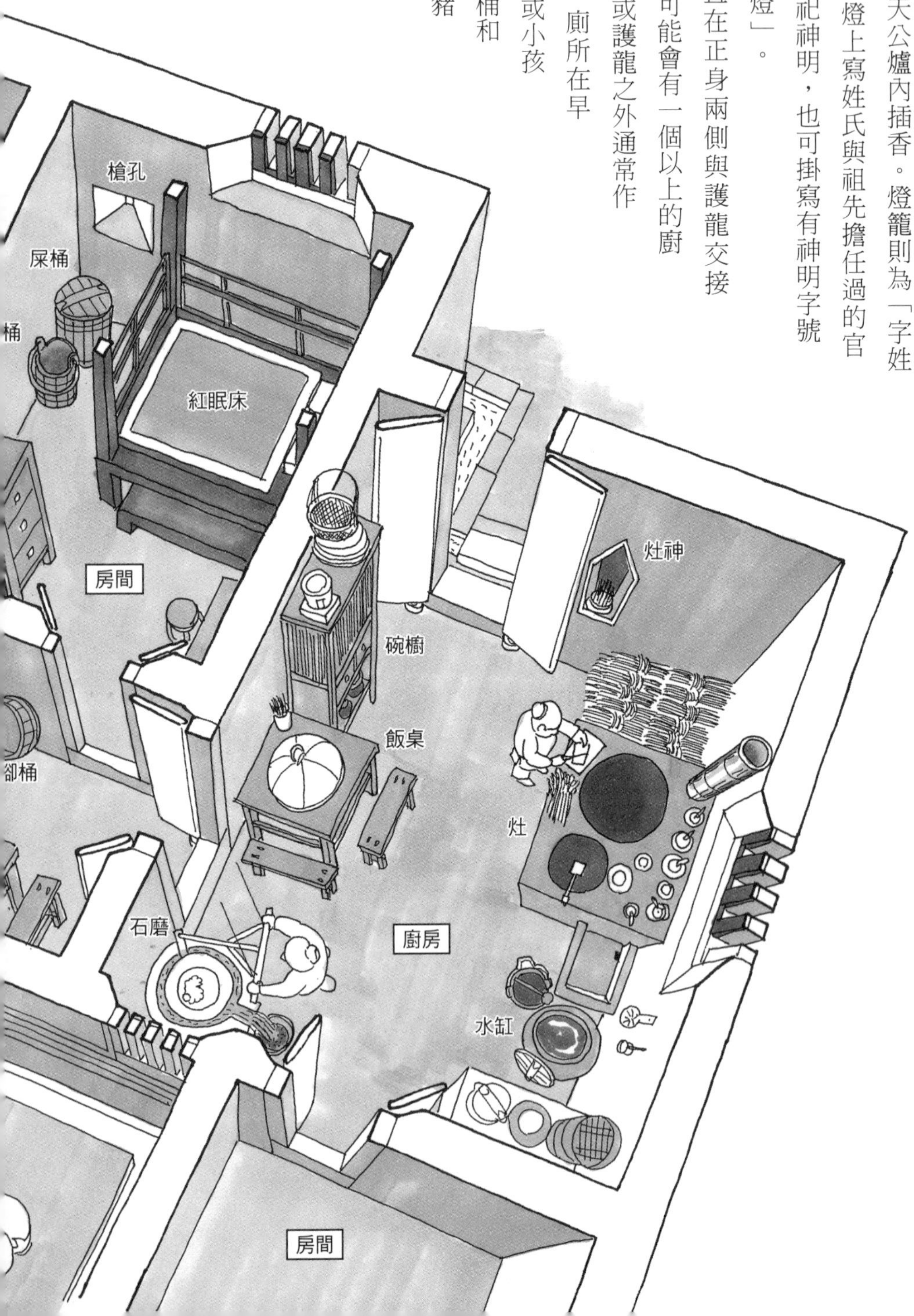

水池可以養魚、洗衣，也有消防蓄水的功能，還是整個宅院排水設施的一部分。因為在建造房屋時，一般會選擇前低後高的地形，排水時，環繞合院四周的水溝會將屋後的水往前導引，先排入水池，再向外排出。

　　值得一提的是，台北的漢人村落不同於台灣南部大規模的「集村」，而是呈現「散村」形式，也就是一座或者幾座合院並排，坐落在田野之間，合院建築平緩錯落的斜屋頂不但與鄉村景色融合，形成一種寧靜和樂的氣氛，也表現出了當年漢人生活的智慧與哲學。

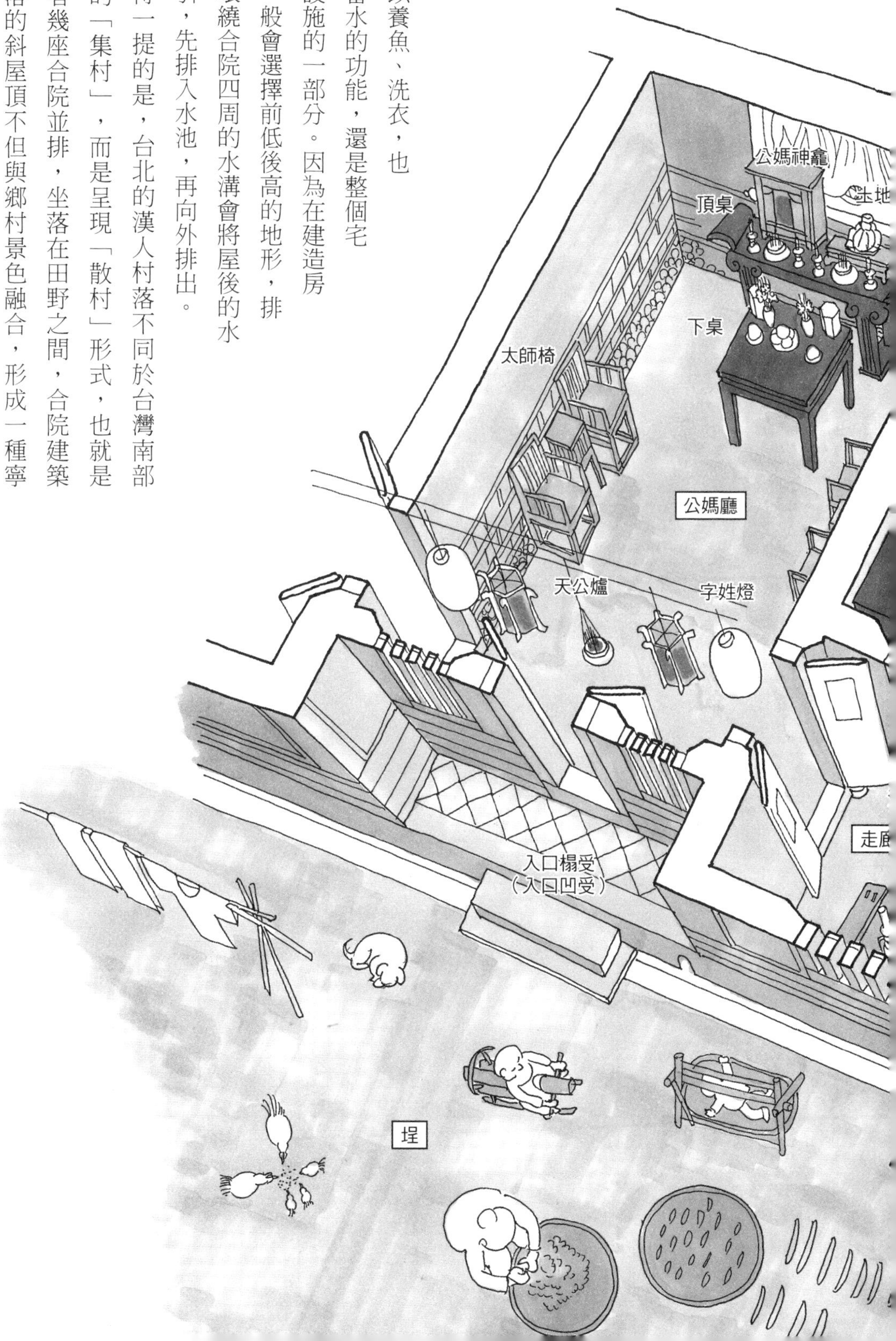

合院的建造

農村合院多以土埆為主要建造材料，稱為「土埆厝」。蓋土埆厝時首先從打地基開始，先在預定建牆的位置挖洞，約一尺深，再以卵石疊成基礎，接著在基礎之上以土埆疊成高牆。土埆之間並以溼土黏結，內牆、外牆的厚度相同。

土埆的製作，是從田裡取土，或從屋前土地上取土，摻入米糠和稻桿後加以攪拌，然後用模子印成大約三十五乘以二十二乘以十公分的尺寸，曬乾後使用。一個人每天可以製作二百到三百塊的土埆，可見要建造土埆牆是很快速的。不過，土埆的缺點也很多，不耐風雨、也不耐震，因此建好土牆後，土牆表面得經過一番處理，最簡單的方式是抹上一層摻穀的土或鋪上一層茅草，但這些作法並不耐用。抹白灰泥的黏結性雖然會比較好，不容易脫落，但最堅固的作法還是釘上一層瓦片，稱為「穿瓦衫」。土牆砌好之後，邊緣會以磚石作

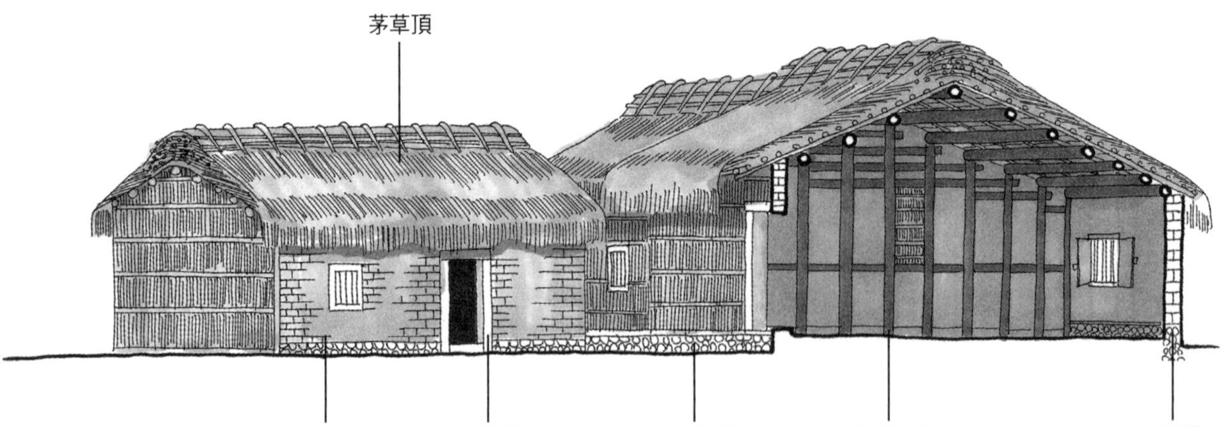

以土埆和茅草頂為主的合院

柱，以確保穩定度。

經濟富裕的人家會用紅磚來砌牆，磚牆比起土牆更為美觀且耐用。磚牆有平砌和斗仔砌之分，斗仔砌表面比較富有變化。磚牆內部填土。另外也可用磚拼組成花紋，是最講究的磚牆作法。

比較講究的民居，室內往往不用土牆構造，而是用木樑柱拼組而成的穿斗式結構。這種結構比較輕巧、美觀，但需要聘請木匠來製作，因此有經濟能力的人家才能夠採用。這種構造一組可以作出一面牆，中間有根柱子，稱為「將軍柱」，從地面直通屋頂，通常一面牆用五或七根柱子，中間以較細的小樑穿插。樑柱之間則裝上木板，或裝上編竹屏，表面塗以土漿和白灰泥。

不論以何種方式砌牆，建好有尖頂的牆面之後，就要在牆頂放上木樑（圓桁、圓仔），鋪上桷木、蓋上屋瓦。合院屋頂的作法可分成鋪茅草頂和鋪瓦頂兩種。茅草頂比較不耐用，但是較經濟，材料取得容易，且不需要請瓦匠，自己就可以鋪，因此在農村相當普遍。鋪設茅草頂時，首先用細竹子編成格狀，架在屋樑上，接著將茅草綁成一束束的，從最低的屋簷處往上層層鋪疊，到屋頂處收尾。

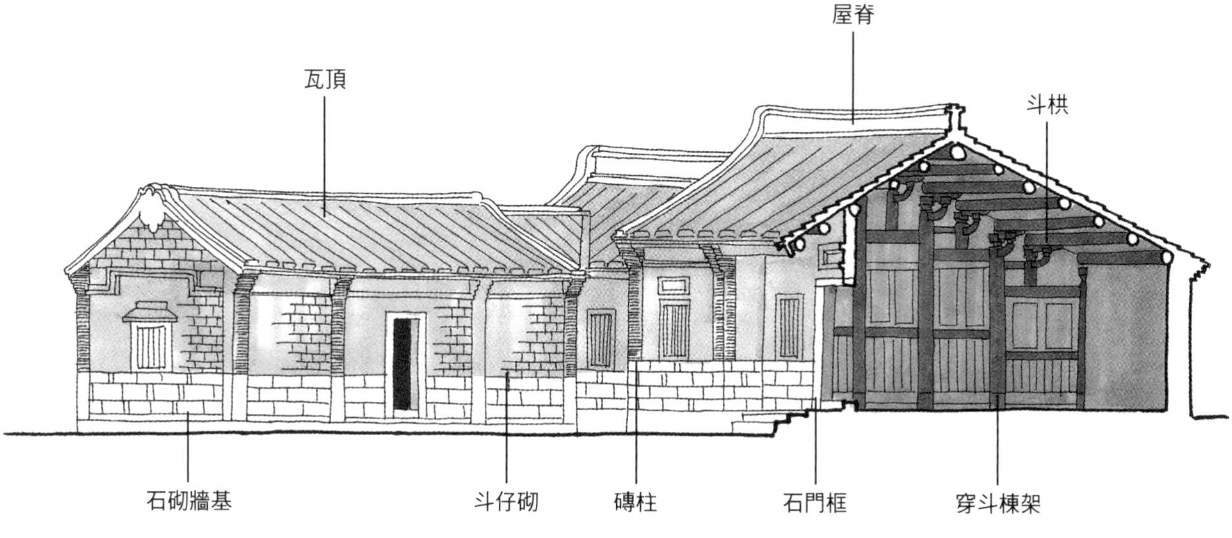

以磚造為主的合院

瓦頂的作法則是在木樑（圓桁）上鋪長條形桷木，然後在桷木上鋪屋瓦。屋瓦一般多用紅板瓦，是一種方形，略帶弧度的瓦片。一正一反鋪在桷木上，並用白灰泥黏結。鋪瓦片時會將瓦片前後交疊三分之二以上，這樣就算有一塊瓦片破損了，也不會有漏水之虞。這種鋪瓦法頗具透氣功效，可將聚集在屋頂內的溼氣排除，保持室內乾燥。另外一種更為講究的鋪瓦法則是先鋪一層平的望磚，然後再鋪板瓦，通常只有在大宅或寺廟才會採用。

至於室內地板方面，大多填土壓實，稍有經濟能力的才會鋪上紅磚。此外，合院建築的設計除了各種實用功能，也深受許多禁忌與尺寸的控制。如房間的長寬尺寸、室內總寬度、中庭的長寬尺寸、門窗等尺寸，都要與門公尺中的吉利尺寸符合，如此才能居住平安。

值得一提的是，在台北北部的陽明山區及三芝一帶，由於出產深黑色的火山

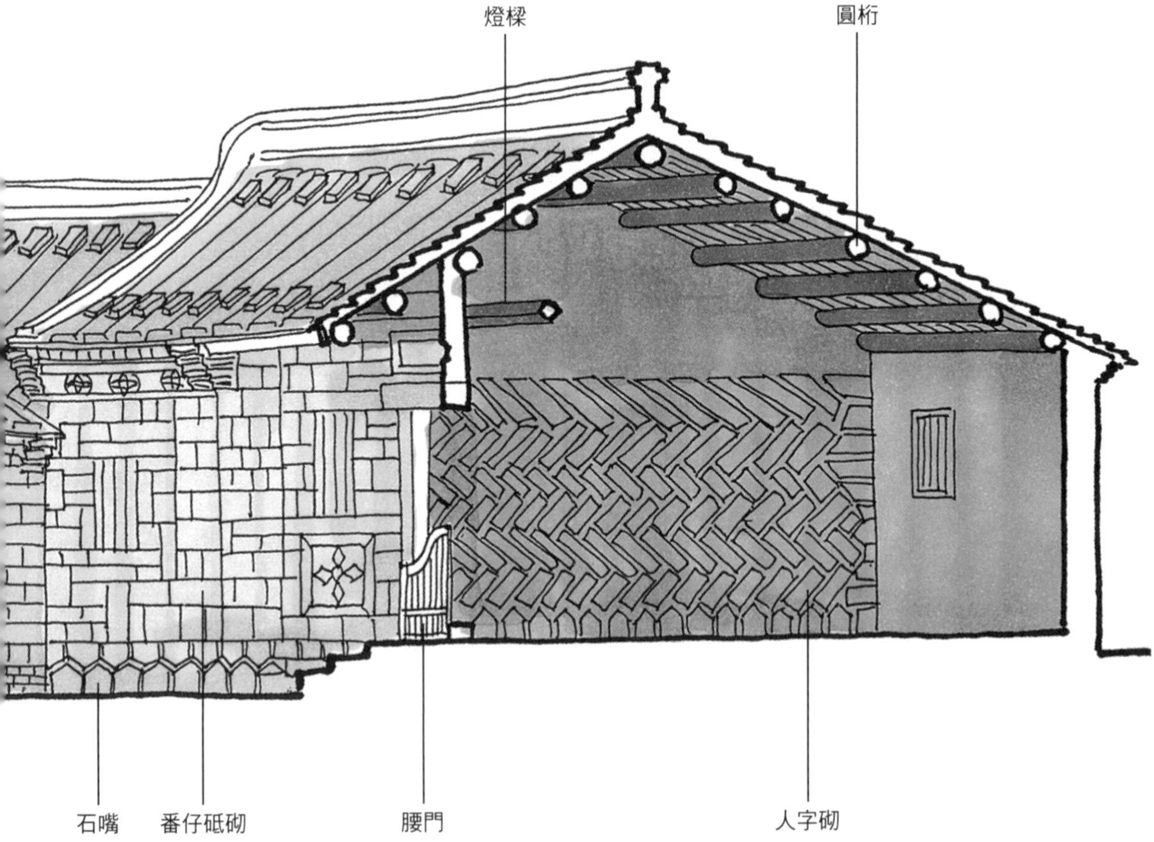

岩，居民多用這樣的石頭來建造房屋，形成此地區的建築特色。石頭屋的牆壁都是石造的，給人一種堅固的感覺，門窗則使用磚或木料。石牆有平砌、人字砌、亂石砌、番仔砥砌等幾種作法。人字砌比較美觀，是把石塊打成方形，並且斜放堆砌起來。有些石牆上半部改作磚造，形成黑色與紅色對比，很有特色。番仔砥砌則是用長方形石塊疊成縱橫不規則交錯的樣式，穩重又充滿變化性。

無論如何，合院建築運用了木材、石材、磚瓦、灰泥等簡單的材料，蓋出既美觀又堅固安全的建築，處處可見古代匠師的巧思。

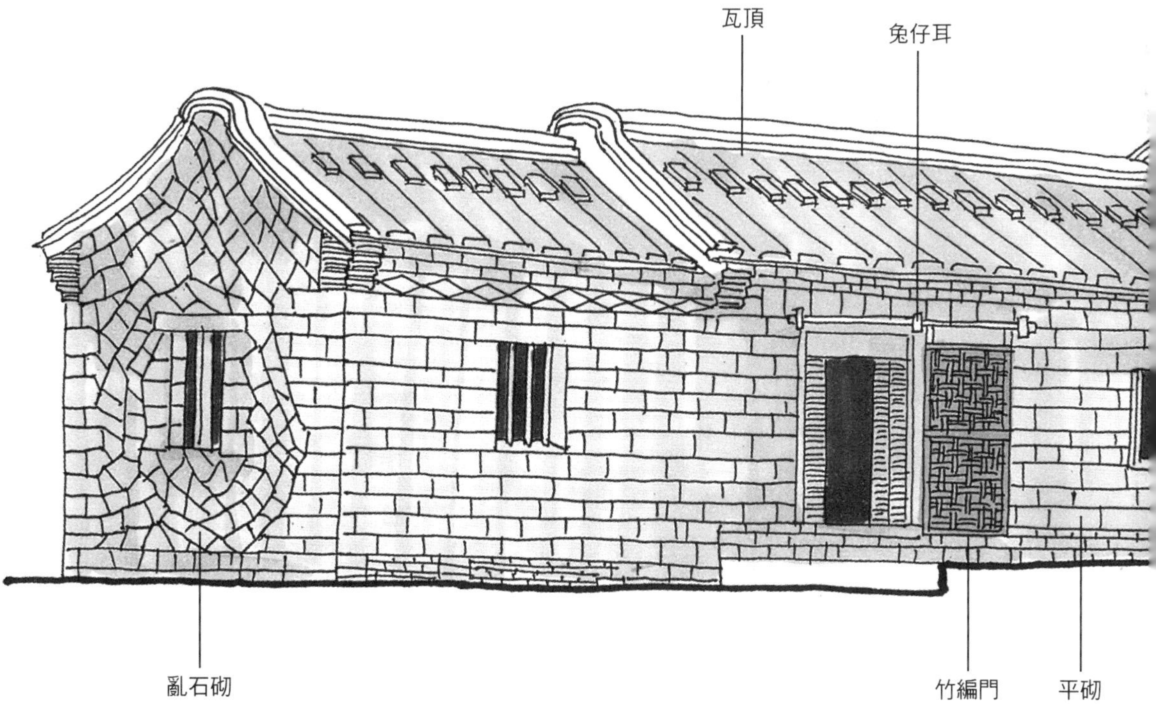

以石砌為主的合院

富裕人家的合院：林安泰古厝

林安泰古厝是台北盆地現存最著名的民居之一，正身建於乾隆四十八到五十年（一七八三~一七八五），左右護龍則建於道光三年（一八二三），距今已有兩百二十年以上的歷史，是台灣數一數二的古宅。

林家原籍福建安溪，在經商致富後建造了林安泰古厝，並逐漸形成一座多護龍的大型宅第。不同於一般農村的三合院建築，林安泰古厝的核心是一座四合院建築，由門廳、天井，以及正廳組成，天井左右兩側還有護龍，格局上比較接近寺廟建築。除此之外，在核心建築四周還有護龍和書房等建築，前方有大型水

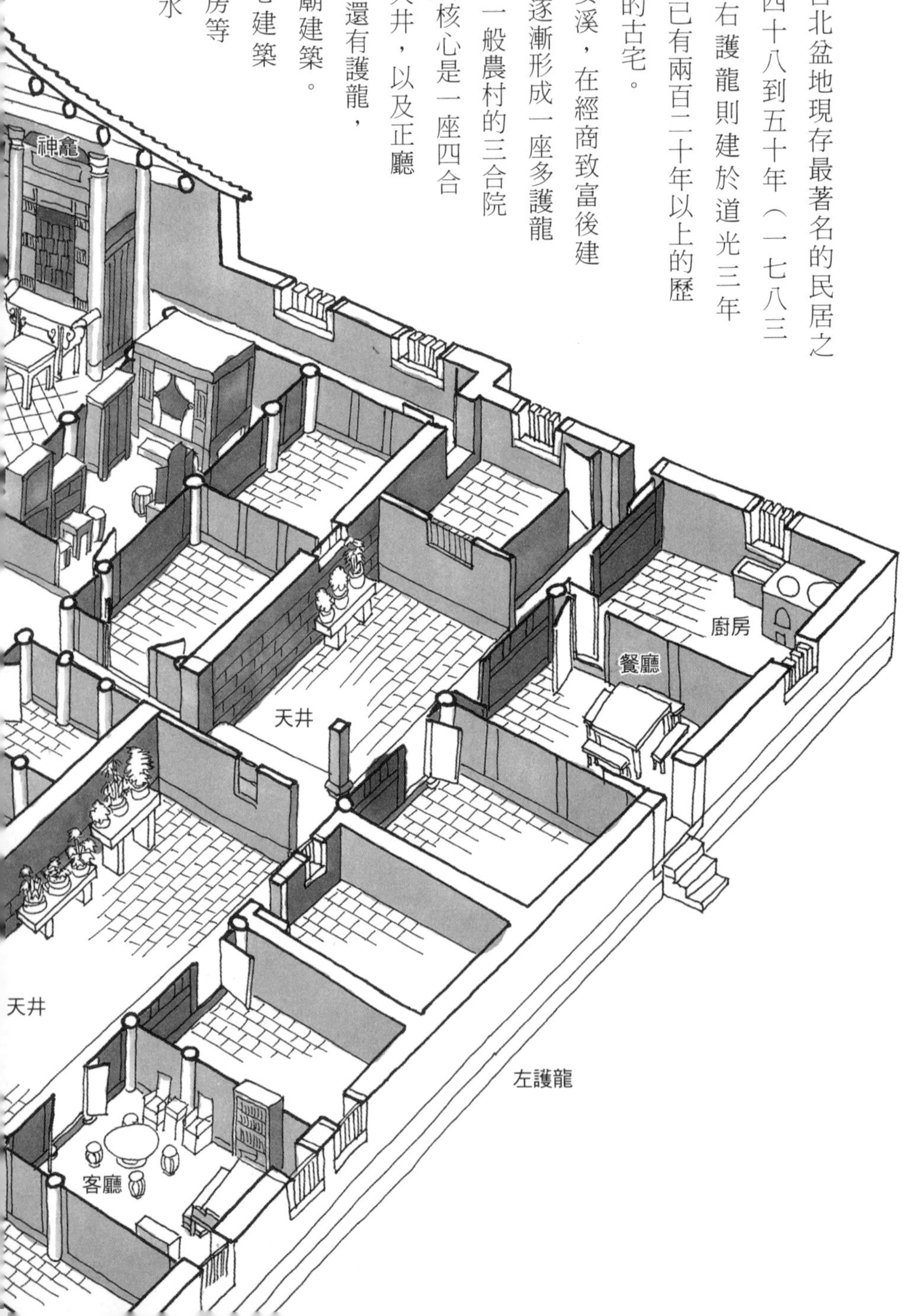

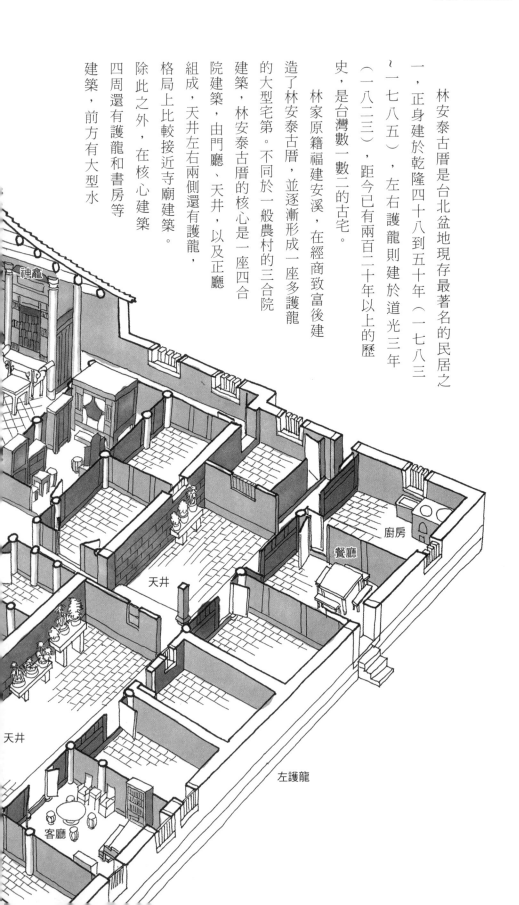

池，共同組成了這座龐大的住宅。

宅院中央的門廳和正廳是林安泰古厝的精華，作工和格局皆盡考究。以門廳來說，正面作「雙榻受」（「榻受」又稱「凹受」），也就是向內退縮了兩層，形成寬闊的門廊。牆壁上還布滿了石雕、木雕，以及垂花吊筒等木構造，種種精心裝飾的門面在在說明了這是一個富裕人家的宅第。門廳內部則有講究的木棟架，以兩根飽滿的通樑

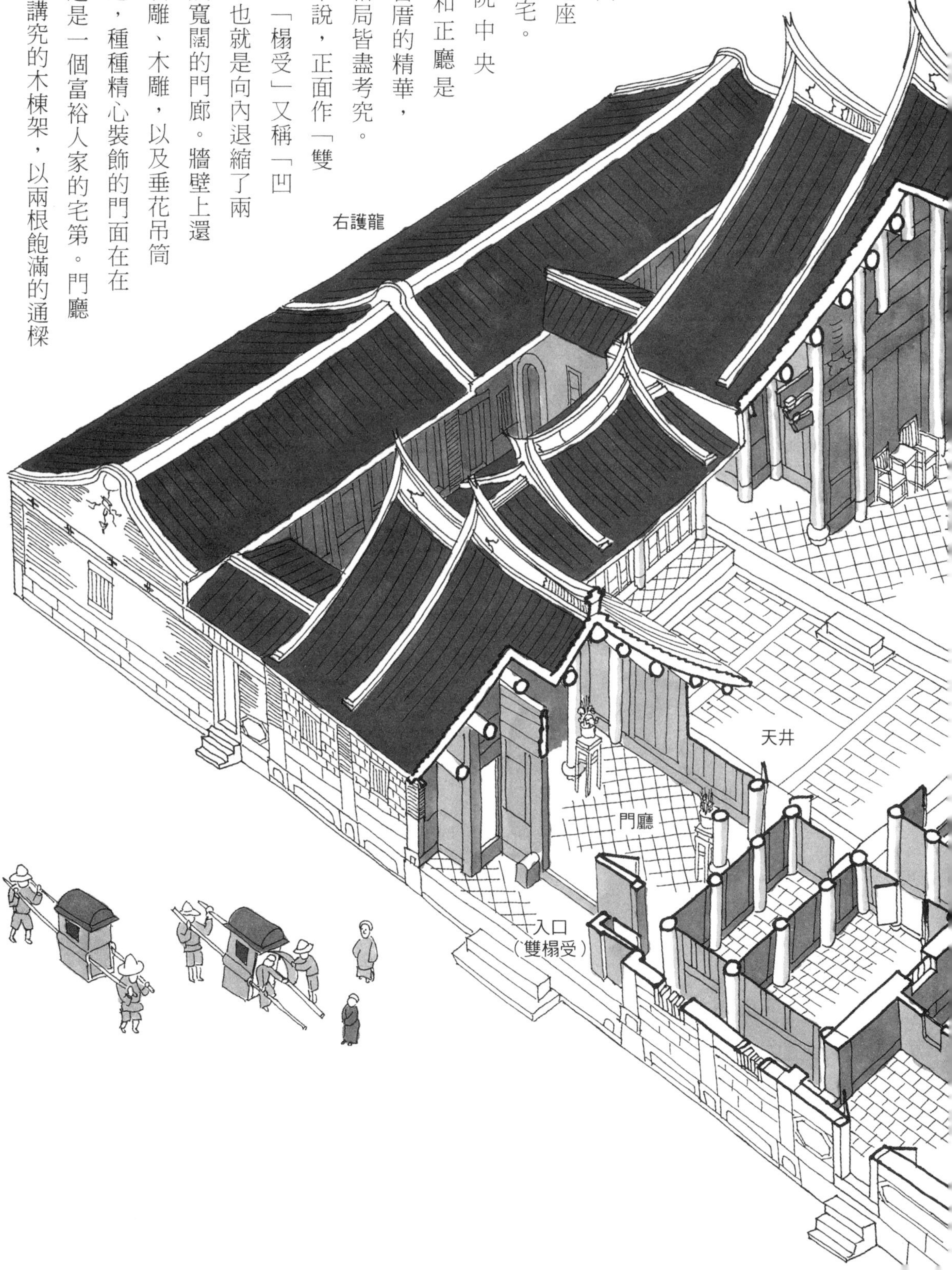

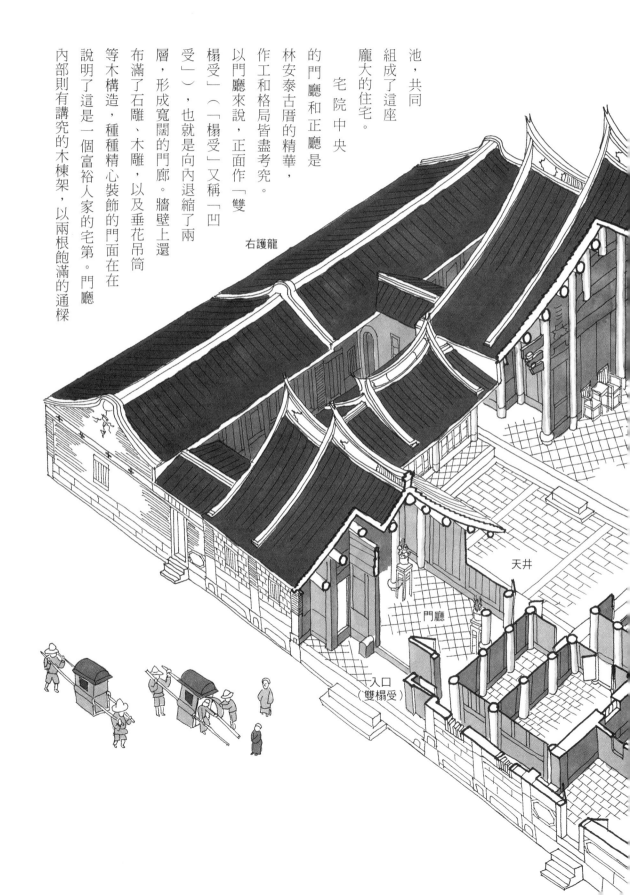

搭配三顆渾圓的瓜筒，組成「二通三瓜」式結構。這種棟架跨距大，可以創造比較寬闊的室內空間，一般多用在寺廟建築中。門廳棟架上還有雕刻成古琴形狀的束木，造型典雅。

過了門廳，就是鋪著石條的中庭，左右兩側各有兩間房，這些房間的門窗都用雕刻過的小木條拼組成花紋，作工相當精美。

中庭之後就是正廳，也是整座林安泰古厝宅第中最高大的建築。廳堂正面不作隔扇門，面對中庭開放，稱為「敞廳」，這在多風雨的台灣並不常見。室內棟架作穿斗式，中央有一根將軍柱直接撐起大樑，顯現出莊嚴的廳堂氣氛。正廳前方左右兩側有精美的木雕隔屏，是以八隻螭虎圍繞成的「螭虎團爐」屏，非常引人注目，一靠近正廳就可以看見，在這個位置裝隔屏也是很罕見的作法。

林安泰古厝的建築外牆以紅磚砌成，內部隔間與面對中庭的牆板則以木料作成；建築內部以木棟架為主結構，撐起屋頂；室內地面鋪設紅磚，中庭鋪石條和紅磚，並利用排水溝將水往前方導引出去。

這棟台北盆地最精美的合院住宅原本位於今天的大安區，也就是當年的台北城外東郊。但一九七八年為了開闢敦化南路而遭到拆除。當時台灣保護鄉土建築的意識已經抬頭，這棟古建築的存廢因此引發了很大的論戰。林安泰古厝雖然最後還是被拆除了，但在各界的關注下，市政府花了很大的心力作調查測繪，製作詳細的圖樣，並將老構件拆下保存，在一九八四年遷移到基隆河南岸重新建造，並於一九八五年完工。儘管易地重建對古蹟的價值有所減損，林安泰古厝仍然是台北市最精美的古民居，也是台北市的著名景點之一。

螭虎團爐隔屏

開墾的先鋒：開採樟腦

樟木的用途很廣，不但可用於製作樟腦，也是雕刻的良材，還可以入藥，並具有殺蟲的功效。台灣是世界上重要的樟木產地之一，樟樹林遍及全台，其中又以中北部地區為主。由於樟樹林遍及平原與山地，漢人在開墾時往往必須先砍伐樟木林，才能夠開闢農田，樟腦業因此成為漢人開墾的前鋒，由平原逐漸往山林推進，終而進入山林。

清初實行封禁山林政策，禁止民眾開採山林資源。到了雍正年間，清廷首度在台灣設立「軍工料館」，入山採伐以樟木為主的木料，用來修造軍船。這項工作雖然事實上是由民間人士出資包辦，但在採得官方所需的木料之後，便掌有煉製樟腦的特權，進而銷售營利。換句話說，雖然由民間進行開採與煉製，官方卻形同控制了樟腦的製造與銷售。道光五年（一八二五），清廷在台北艋舺也設置了軍工料館，兼辦樟腦業務。據史料記載，台北地區的採木地點有木柵、深坑、石碇等地。

然而，台灣民間早就有私製樟腦的情形，康熙年間的朱一貴叛亂就是源起於官方逮捕民間私製樟腦者。一八二〇年代也有洋船到台灣以鴉片換取樟腦的走私紀錄，可見樟腦在當時已經成為洋商關注的國際貿易商品。

十九世紀下半葉，西方發明了賽璐珞與無煙火藥，製造這兩種產品都必須以樟腦為原料，使得台灣的樟腦產業更顯重要。為了樟腦產業的利益，清廷與洋商不斷角力。清廷曾於同治、光緒年間兩度在台灣實行樟腦專賣，但洋商卻極力抗拒，專賣制度實施沒幾年就被迫取消。台北地區的艋舺成為樟腦的主要集散地，艋舺上游的三峽、大溪等地則是樟腦主要產區，在台灣樟腦業占有重要地位。

同治元年（一八六二）淡水開港通商之後，茶、糖和樟腦逐漸成為台灣三大出口產品。日本占領台灣之後實行樟腦專賣，樟腦產業更加蓬勃發展，一九二〇年代產量甚至達到世界第一，平均占世界產量百分之四十六。

製造樟腦時，首先要在林地內設置樟腦寮，將樹木砍倒後，削成碎片，直接在現場提煉樟腦，如此可省去搬運木材的麻煩。提煉的方式則是設灶以水蒸燻樟木，等結晶在頂部的陶甕之後，就能取得樟腦，清代時以這樣的產品出口海外。到了日治時期，樟腦寮的產品被稱為「粗製樟腦」，必須運送到台北的樟腦工廠製作成「精製樟腦」與其他許多不同規格的樟腦產品，再行出口。

山林間的樟腦寮

日益興盛的藍靛與染布業

漢人進入台北盆地開墾時，除了水稻之外，也普遍種植菁樹。菁樹是製作染料「藍靛」的原料。以往要染藍布、黑布，用的原料就是藍靛，是一種相當重要的染料，市場需求亦廣。菁樹生長不需要太多水分，容易生長，毋須費心照顧，因此成為當時重要的經濟作物。

在當年，台北地區種植菁樹和製造藍靛的規模非常大。艋舺是當年台北地區藍靛的集中地。而在郊商（經營台灣與大陸進出口貿易的商人）紛紛投入資金鼓勵農民種植的誘因下，菁樹從平地逐漸擴展到山地，藍靛產業也隨之走向鼎盛。再加上山地地勢本來就不容易開發水田，易種易養的菁樹和藍靛產業，遂促進了台北盆地周圍的山地開發，如汐止、暖暖、石碇、平溪、坪林和三峽等地。

福建地區自古以來就是重要的藍靛產區，福建移民來到台灣以後，也繼續從事這

項產業，生產的藍靛品質非常好，絲毫不輸福建的產品。到了乾隆年間，江南的絲、棉產業達到高峰，台灣出產的藍靛因此都以上海為主要出口地。

與藍靛染料密切相關的還有染布業。

早期在藍靛產區就有染布行業的記載，如平溪。艋舺因為是台北地區藍靛的集中出口地，自雍正年間就有染布業，主要分布在頂新街、廈新街。藍靛和染布產業可說是僅次於船頭行（海運貿易）的賺錢行業，艋舺一地則因藍靛和染布產業的興盛，獲利龐大。雍正年間艋舺的著名商人黃典謨，就是經營藍靛和硫磺生意而發達，李盛發也是經營藍靛和布業而成為鉅富。

另外，三峽既是藍靛的重要產區，又

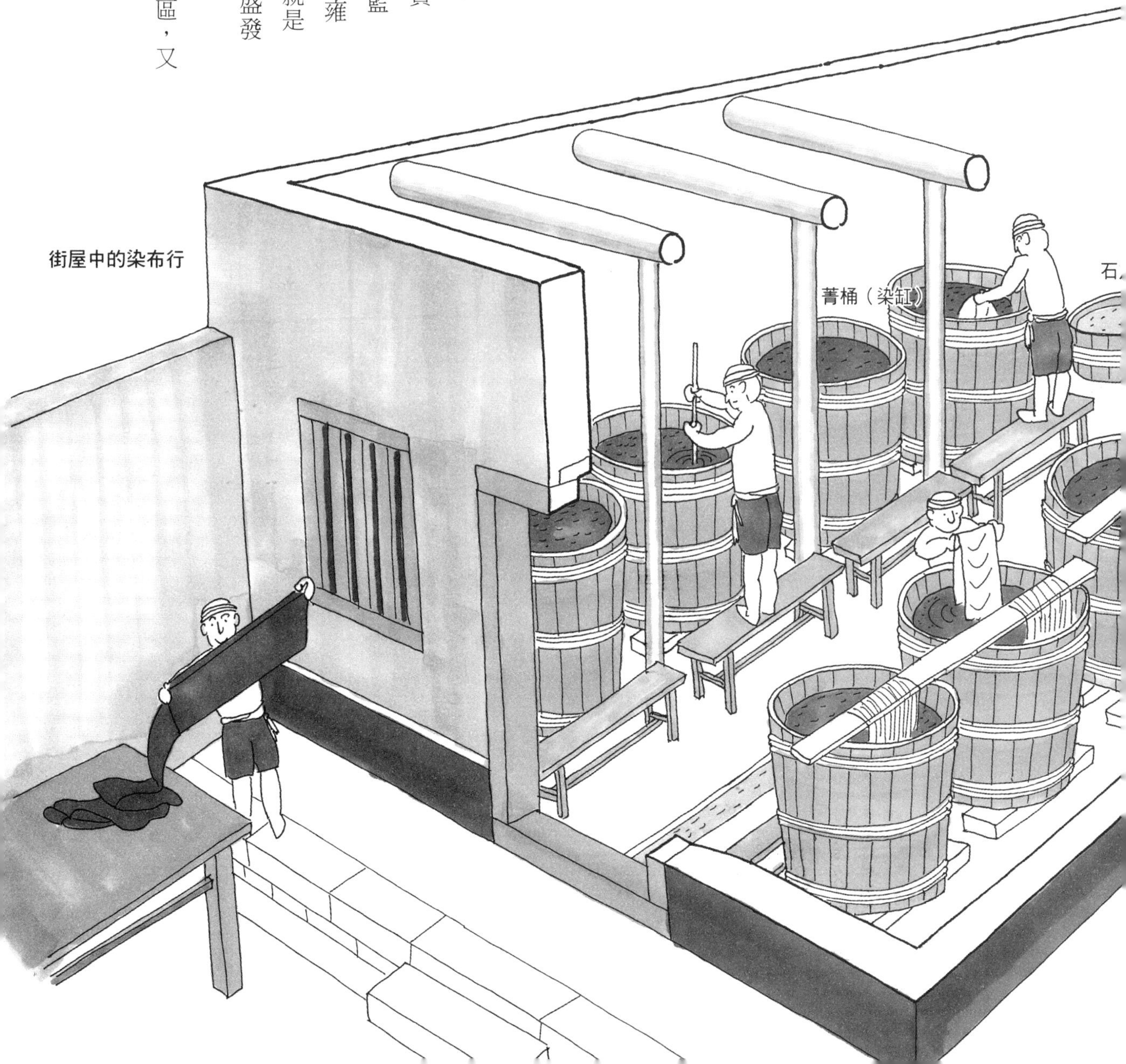

街屋中的染布行

因水質佳、水路貨運便利，具有染布的絕佳條件，因而染布業集中，是台北地區最著名的染布重鎮。從道光年間開始發展，到同治、光緒年間已經形成很大的規模，至日治大正年間更達鼎盛。

早期的台灣社會以農業為主，手工業並不興盛，布料多靠進口。艋舺北郊作的生意，就是將台北產的藍靛出口到上海，再運回江南的絲綢來賣。三峽一地以精良的染布技術著稱，將進口的江南絲綢染色之後，往往還能回銷大陸，在市場上很受歡迎。此外，三峽染的布也會往南販售到桃園新竹的客家庄。

染布的方法，是先將白布放進鍋裡煮，然後再放入染缸攪拌。染缸內的染料，是以藍靛加上石灰、麴等，經過發酵之後調配出來的。布染過之後要到河邊洗乾淨，曬乾之後再染，經過數次甚至數十次漂染之後，成為深淺不一的藍布料，完成之後曬乾，還要再經過碾壓，使布料表面平順、光滑。碾布的方式，是在一塊踏石盤上放置一個木質滾筒，滾筒上有一塊元寶形狀的石頭，稱「踏布石」，由一個人站在石頭上，左右施力，使滾筒滾動，另一人則拉動碾平的布料。這種碾布方式速度快且品質佳，就連日本人見識到這樣的碾布法也佩服不已，因為日本的作法是用手將布料敲平，效率遠不如台灣的碾布法。

藍靛的出口，一直到清末都還保持很大的數量。依照淡水海關的紀錄，藍靛在中式帆船的出口量僅次於米、煤，而且出口總值高居第一位，可見藍靛業產值之大。同治元年（一八六二）淡水開港通商後，由於外商到台北地區推廣茶葉種植，並將茶葉運銷歐美，利潤遠高於藍靛，原本種植菁樹的農民因此紛紛改種茶樹，藍靛產業遂逐漸沒落。

碾布的方法

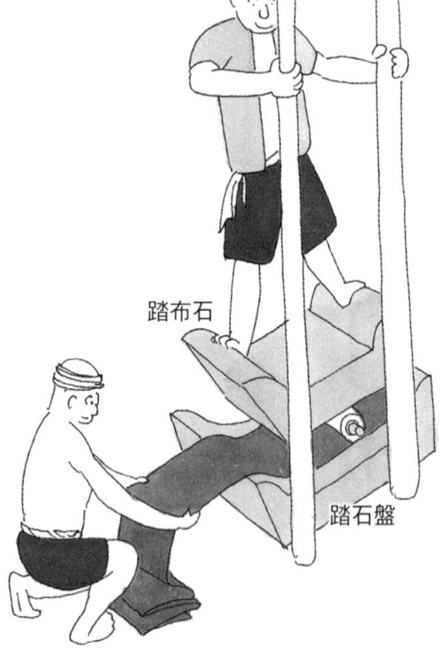

台北最早的河港聚落：新莊

位於淡水河上游大漢溪西岸的新莊，是漢人在台北盆地最早建立的河港聚落。

新莊作為水路貨運與貿易集中地，四周又有廣大的開墾腹地，新莊墾戶自康熙末年（一七二〇年代）開始建造水圳，並在乾隆中期（一七六〇年代）左右完成。除了劉厝圳之外，還有大窠口圳、張厝圳，灌溉面積超過兩千甲，使得新莊平原成為重要的糧食產地。另一方面，新莊的河港貿易輸出米穀，輸入大陸運來的民生用品，在雍正乾隆年間形成街市。乾隆十一年（一七四六），台灣北部最高的文官機構從八里坌巡檢改成新莊巡檢，乾隆五十四年（一七八九）又改為新莊縣丞，新莊街市的發展在乾隆中期到嘉慶年間達到鼎盛。

新莊街市的一大特色是沿著河岸呈現帶狀發展，與大漢溪平行。慈佑宮、武聖廟、廣福宮等主要廟宇都在街上，廟前有路直通河岸，以往慈佑宮前的碼頭稱為上渡，廣福宮前碼頭稱為下渡。這三座廟宇都位在交通節點的位置上，而這種將廟宇作為街道端景的作法，正是清代台灣聚落典型的規畫方式。

新莊街南臨大漢溪，北側則是人工水道後村圳。這樣的規畫讓街市南北都有水屏障，水圳的水還可供生活飲用、洗滌。當年還有一條挑水工專門走的「挑水巷」，連通水圳和大街。

在武聖廟和慈佑宮之間並肩林立了二十八座街屋，若南北兩側相加，共有五十六座，稱為「五十六坎」，一坎即一間店鋪之意。五十六坎是新莊街的商業中心。此外，新莊平原的主要農產品是米，新莊街市當時既是貿易集中地，自然成為商家集中之地，武聖廟旁就是米市街，並有一條米市巷，往南直通港口，是米糧貨運的重要碼頭。高兩層樓的潮江寺則是碼頭工人休息的工

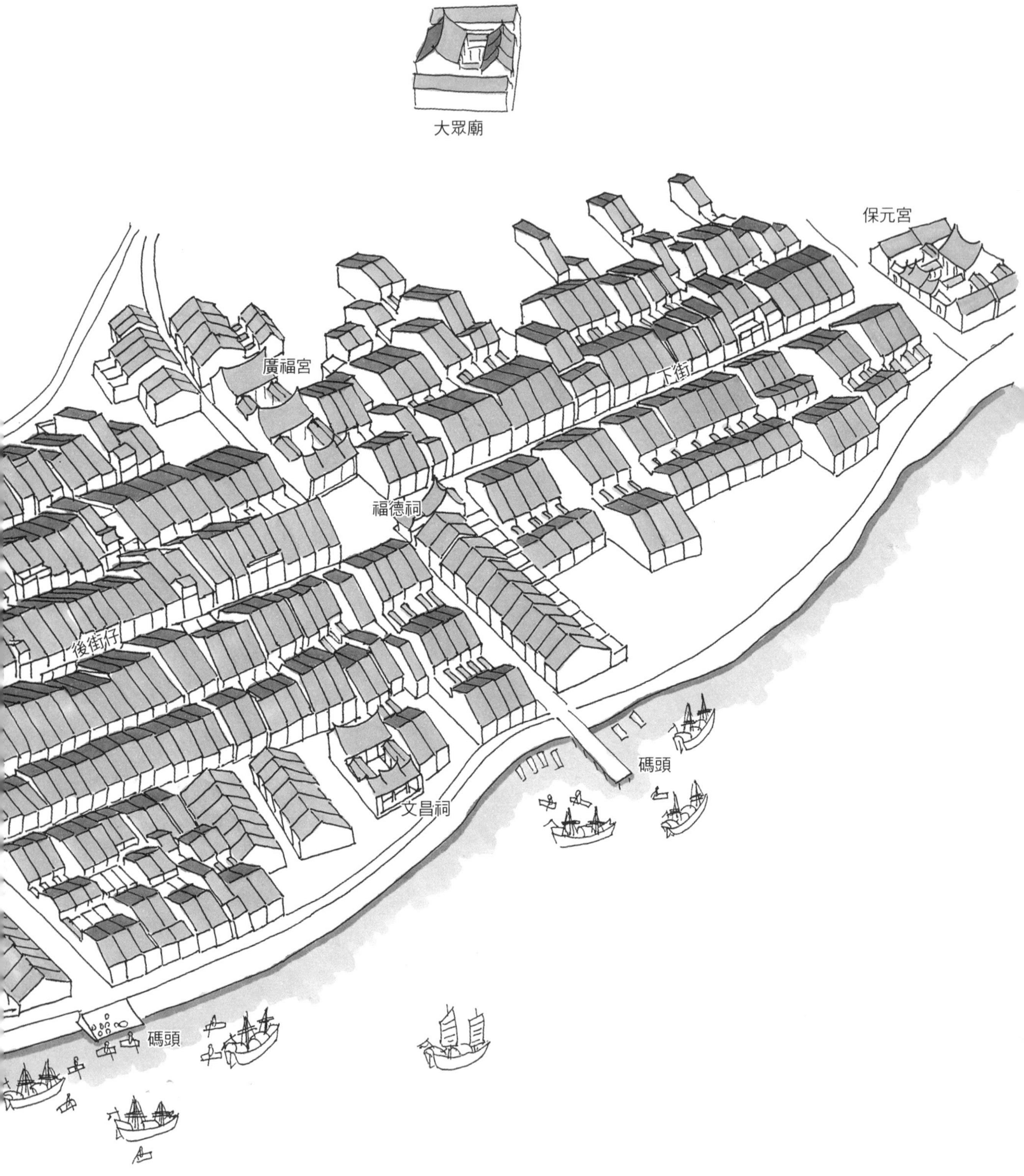
大眾廟
保元宮
廣福宮
下街
福德祠
後街仔
碼頭
文昌祠
碼頭

寮，兼有瞭望作用，後改為寺廟，樓下奉祀土地公，樓上奉祀觀音佛祖。

五十六坎南側還有一條戲館巷，集中了許多南管、北管、布袋戲等戲班與名師在此開班授徒。新莊戲曲文化之盛，在台北地區非常著名，後來在日治時期還出了著名的小西園布袋戲團。

慈佑宮到廣福宮之間的街市則以米廠、木器、糕餅為主，其中製飴產業特別有名。河岸邊還有渡船頭、船頭行、倉庫，以及許多較為窮困的住家。後來到了清末光緒元年（一八七五），原本位於慈佑宮旁邊的文昌祠也遷移到此段河岸邊。

新莊由於發展較早，文風推展腳步也快，早在乾隆二十八年（一七六三）墾戶胡焯猷就獻地建造義學，也就是現在的泰山鄉明志書院，成為北台灣第一間書院。

在新莊街核心區外圍，廣福宮以東、直達保元宮的這一段街市稱為「下街」，以住宅為主，居民多務農，並且是大漢溪上游出產的竹材集中地。武聖廟以

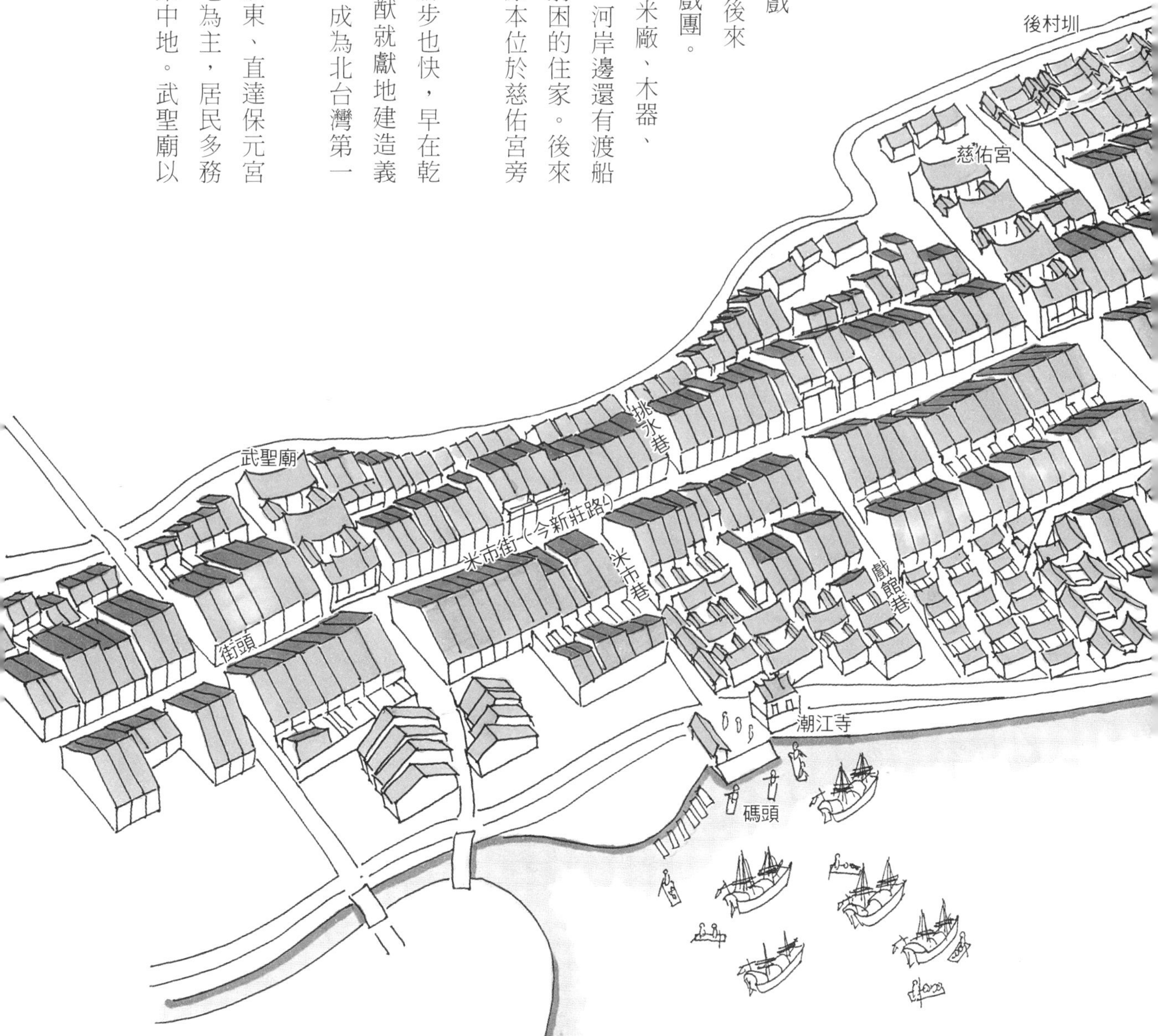

西稱為「街頭」，居民同樣以務農為主，同時產製竹編器具、醬油、豆腐等，運銷新莊平原各地。

新莊最古老的廟宇是慈佑宮媽祖廟。武聖廟稍晚由新莊大墾戶胡焯猷倡建，是當時淡北地區最大的武廟。廣福宮則奉祀三山國王，是潮州人的信仰中心。潮州饒平的劉氏家族在新莊開闢了劉厝圳，對水田開發有很大貢獻，也是台北盆地少數的客家族群。不過新莊的客家人在道光年間的閩粵械鬥中落敗，轉往中壢以南地區，之後廣福宮就無人奉祀，成為一間香火冷清的廟宇。

新莊街東北側還有一座地藏庵，俗稱大眾廟，以往將無主孤魂稱為大眾爺，並有文、武之分，貧病而死的稱文大眾爺，因械鬥而死的是武大眾爺。大眾爺每年農曆五月出巡，是新莊最熱鬧的廟會活動，至今仍然每年舉辦。

作為台北盆地第一個發展的港口聚落，新莊街市的蓬勃發展到了嘉慶年間有所轉變，由於新莊的河港淤淺，大船無法停泊，北台灣的貿易重心逐漸轉移到淡水河下游的艋舺，再加上咸豐同治年間不斷發生的械鬥事件，也對新莊街市造成了很大的打擊。不過，雖然失去了貿易重鎮的地位，新莊卻仍然保有深厚的文化傳統，糕餅業、戲曲等都延續到日治時期，甚至直到戰後依然興盛了很長一段時間。

一府二鹿三艋舺

新莊港日漸淤淺之後，台北盆地的貨物進出口逐漸轉移到淡水河東岸的艋舺地區。艋舺市街的起源是幾間在河邊販賣番薯的店鋪，遂得名番薯市街，也是艋舺的第一條街。往後，艋舺出口米、藍靛和樟腦，並進口生活日用品，逐漸成為台北盆地的物產中心。

清代的商業組織可概分為船頭行、割店（盤商）和文市（零售商）三大類。其中最賺錢的生意就是船頭行，也就是海運貿易。以自有的船隻運送貨物，往來於台北和大陸各港口。當時作不同地區生意的商家往往分別組成郊行，類似現在的同業公會。清代早期的台灣首府台南就有著名的八郊，艋舺聚落興起以後，則有泉郊（經營泉州貿易）和北郊（經營溫州、寧波、天津等貿易），其中又以北郊為大宗。著名的大商號如張德寶（張秉鵬主持）、王益興（王則振主持）、洪合益（洪騰雲主持）等，也都是大型的船頭行。

艋舺地區的商店有日用什貨、魚行、藥材行、布行、鴉片煙行等等，產業方面則有染布業、金銀紙業、釀酒業、佛雕業、木材業、鹽館、酒樓。根據馬偕牧師在清末的紀錄，北台灣大城市中還可見到各種工匠，有打鐵工、木工、家具、鑲銀、銅錫、農具、鎖匠、織工、裁縫、鞋匠、水泥匠、石匠、磚窯、石灰、製炭等，不難想像當年艋舺街市的熱鬧情形。

自乾隆到嘉慶年間，艋舺一地已逐漸發展成北部經濟中心，擁有規模最大的市街。同時期台北地區的其他聚落，大多以一到兩條市街為商業主軸，呈帶狀發展。艋舺聚落卻有多達六條商業主軸，街市縱橫交錯，形成面狀的核心區域。

艋舺聚落的商業區域內建築非常密集，以街道和街屋組成，外觀整齊。許多寺廟穿插在這些街道上，甚至在路口的重要位置，如媽祖宮，就在舊街的北端丁字路

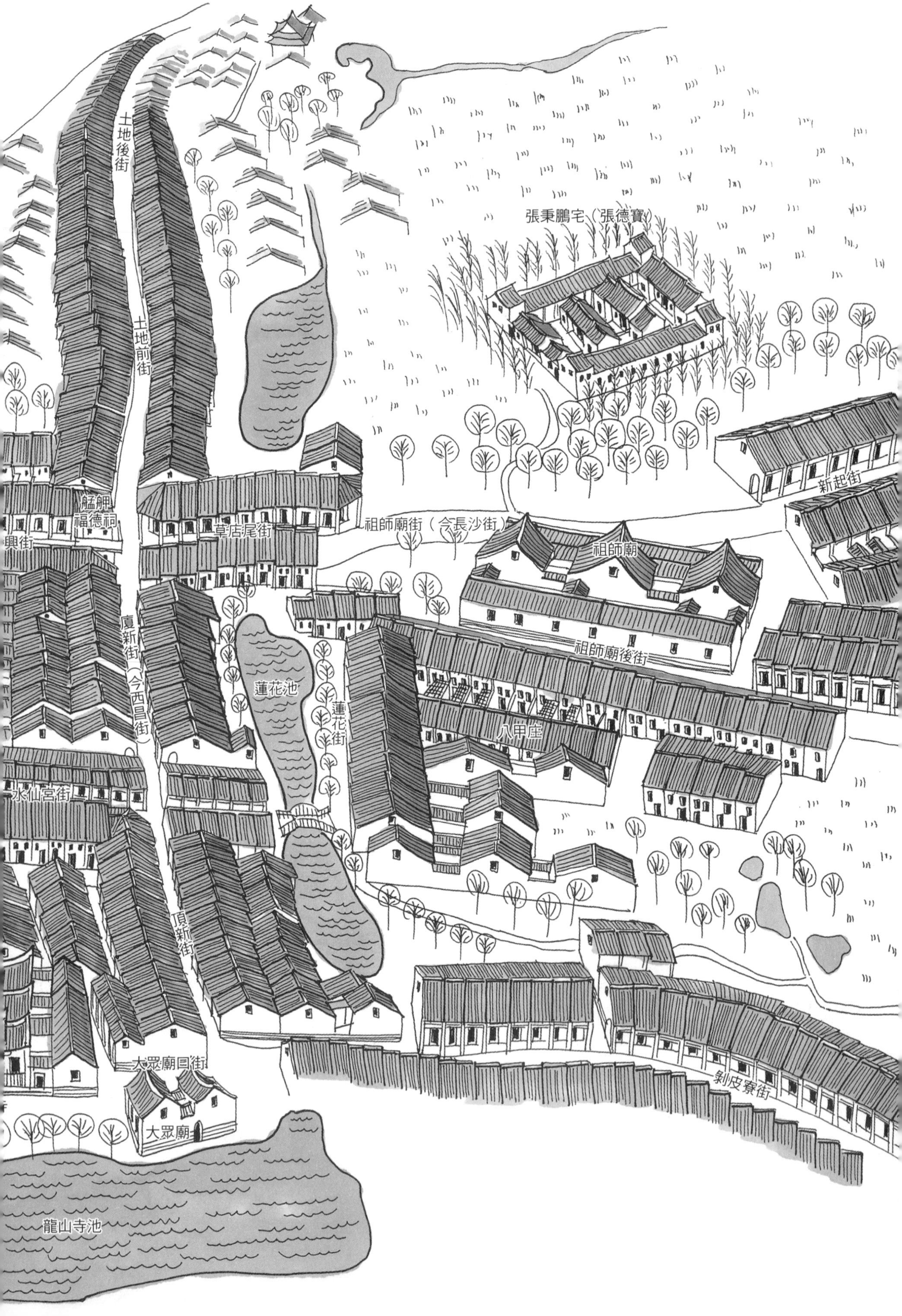
土地後街
土地前街
張秉鵬宅（張德寶）
艋舺福德祠
興街
草店尾街
祖師廟街（今長沙街）
新起街
祖師廟
祖師廟後街
廈新街（今西昌街）
蓮花池
蓮花街
八甲庄
水仙宮街
頂新街
大眾廟口街
大眾廟
剝皮寮街
龍山寺池

本圖參考一八九八年《最新實測臺北全圖附圓山附近》繪成

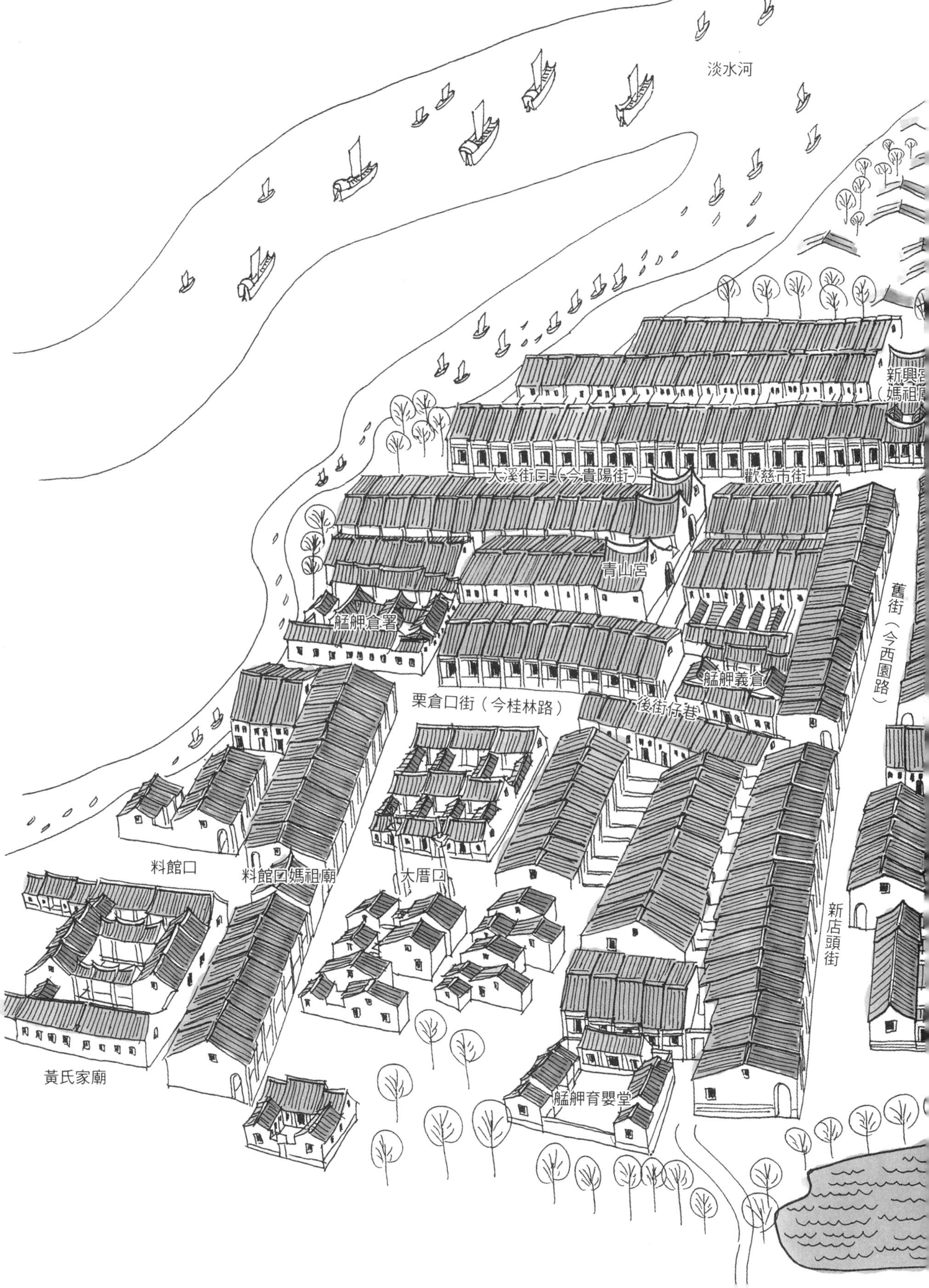

口上，處於整個艋舺商業區的核心位置，顯見媽祖地位的崇高。此外還有土地廟、城隍廟、青山王廟、海商奉祀的水仙宮、碼頭工人奉祀的將軍廟等。

寺廟不僅是信仰活動的場所，也作為郊商辦公、議事之處，是街市中最重要的公共空間。寺廟的修建與廟務運作，多由地方仕紳、郊商主導，每年青山王遶境是艋舺最著名的廟會，有「艋舺大拜拜」之稱。

而在艋舺市街的西南方，有一片稱為大厝口和料館口的地區，主要的商業街道並沒有延伸到此。這個區域巷弄曲折，建築分布很不規則，還有許多廣場，相對於空間緊湊的商業街市，這裡比較適合居住生活。據說大厝口就有許多富人的大宅院，料館口則是以黃家經營木材買賣、鋸木製材的料館聞名。當年，由福州進口杉木，並輸出台北樟木的黃家料館，讓這裡經常堆滿了木料，黃家的大宅和宗祠也在這裡。除了大戶人家之外，此區街市中也有小型三合院，由正身、護龍組成，中央有小院。小型三合院的特色在於護龍非常小，建築前方還帶小門樓，麻雀雖小，五臟俱全，完全是為了適應都市用地狹小而發展出來的，與鄉村合院大不相同。

此外，這一區還有育嬰堂、養濟院、艋舺粟倉、學海書院等公共建築。育嬰堂是社會救濟機構，收容棄嬰、孤兒以及貧窮人家無法養育的孩童。養濟院則收容孤苦無依的老人。粟倉是官方穀倉，平時販售米穀以平衡米價，另外也有救濟貧民的功能。學海書院則是台北地區重要的學術中心。

艋舺著名的龍山寺位在商業街市南端，是三邑人最大的廟宇。寺前有廣大的廟埕、水池。龍山寺池還是艋舺最大的水池，再往南就是一片田野，可見當年這是一處偏離市街，視野開闊的清幽之地。龍山寺東邊還有一條剝皮寮街，因處理木材而得名。

艋舺地區的移民雖然以泉州移民為主，但實際上應該再細分成三邑人、安溪人和同安人。艋舺街市的港口、商業區與住宅區，基本上以三邑人為主，並由黃、林、吳三大姓的勢力控制著碼頭。市街東側較偏內陸的地區，則居住著安溪人和同安人。

安溪人以清水祖師廟為核心，發展出街市，一路延伸到台北城西門。艋舺富商張德寶的大宅就位在這片市街的北邊，前後共有四進規模，四個轉角都有兩層高的銃櫃，可想見此大宅的氣派。清水祖師廟南方則是同安人的蓮花街和八甲庄，這裡的市街道路蜿蜒，建築分布比較零散，已屬艋舺的邊緣地帶。

無論如何，艋舺就是這樣一個規模龐大的漢人傳統市街，與台南府城、鹿港並稱台灣三大都市，在清代有「一府二鹿三艋舺」之稱。

然而，同治元年（一八六二）淡水開港通商之後，艋舺所經營的米糧出口，受到洋米進口中國的衝擊，米價滑落，利潤縮減，艋舺的經濟地位終被後來居上的大稻埕所取代。

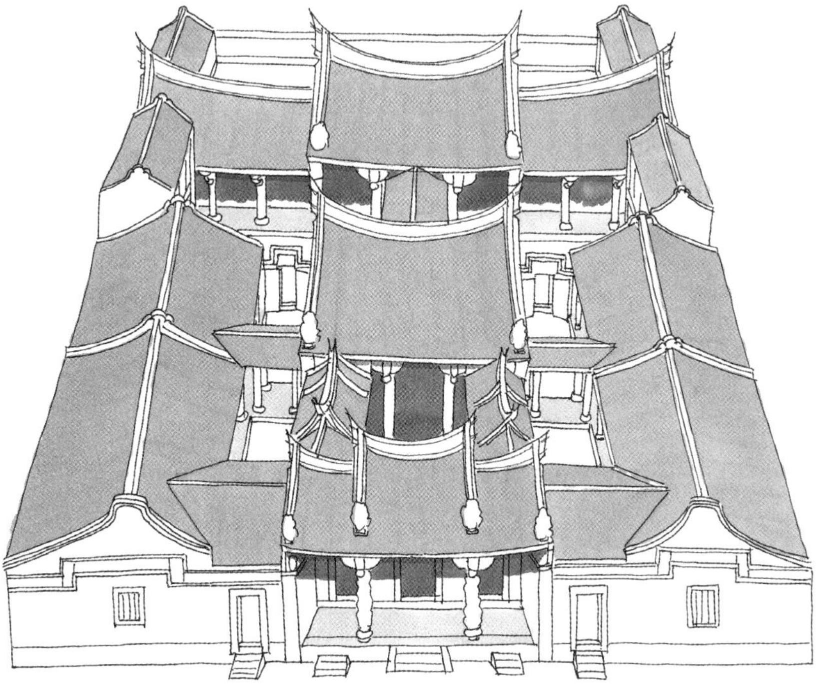

艋舺祖師廟想像復原圖（第三進現已不存）

台北地區的械鬥

清代台灣的漢人社會經常發生械鬥，除了朱一貴、林爽文、戴潮春等大型叛亂之外，常見的衝突有漢番衝突、族群衝突等，因而有「三年一小反，五年一大亂」之說。台北地區亦然，在清代中期械鬥頻仍，重大的械鬥有道光十四年（一八三四）新莊的閩粵、漳泉械鬥、咸豐三年（一八五三）艋舺的頂下郊拼、以及咸豐九年（一八五九）的漳泉械鬥。

新莊械鬥源自道光六年（一八二六）苗栗中港溪一帶的閩粵械鬥，後來擴及桃園地區，道光十四年（一八三四）又再擴及八里坌、新莊，造成長達六年的閩粵械鬥。直到道光二十年（一八四〇），中英爆發鴉片戰爭，英國軍艦接近北台灣，粵人轉入中壢以南，爭鬥才平息了下來。

艋舺的頂下郊拼發生於咸豐三年（一八五三），也就是頂郊的三邑人和下郊的同安人械鬥，最後同安人戰敗，逃往大龍峒和大稻埕，並在大稻埕建立起新的市街。頂下郊拼是一次罕見的同籍族群械鬥，因為三邑人和同安人其實同樣是來自泉州的移民。

漳泉械鬥則發生於咸豐九年（一八五九），爭鬥起因是土地問題。這次械鬥波及的範圍相當廣大，當時漳州人在台北的主要地盤有板橋和士林，以板橋林家的林國芳為首；泉州人則以三邑人的艋舺、滬尾、新莊為主，以滬尾的黃龍安為首。兩派人馬在台北盆地火拼。板橋林家還找了客家籍的傭兵來助陣。到了收穫時節休兵，兩方各自忙農事，收成之後戰事再起。在這次的事件中，泉州安溪人處中立地位，並居中斡旋。同治元年（一八六二），板橋林家的林國芳因有官職身分卻仍主導械鬥，被官方撤職查辦，械鬥終告結束。

台北地區的動亂與械鬥事件曾多次波及官府。如乾隆五十一年（一七八六）的天地會變亂，焚毀民宅

石敢當
隘門

和新莊巡檢衙門；咸豐四年（一八五四）的泉州四縣人械鬥，焚掠新莊、燒毀艋舺縣丞署；同治元年（一八六二）天地會黨人響應戴潮春之亂，攻破艋舺縣丞署，可見當時官府力量遠遠不及民間。而不同籍移民之間的仇恨之深、械鬥死傷之慘烈、破壞之嚴重，實際上與戰爭無異。一直到清末，光緒元年（一八七五）台北設府，官方力量增強，械鬥終於不復發生。

在這樣的時代背景下，無論是民宅或者市街，都很注重防禦設施。民宅會設置圍牆、竹圍、槍眼和槍櫃等等，市街則是興建成排的街屋、曲折狹小的巷弄，讓敵人在進入之後無法直衝，或在街口設置隘門。隘門可以是牆門或者門屋形式，甚至是兩層樓的門樓，只要將隘門關閉，敵人就無法進入街市，防禦力與城池幾乎沒有差別。

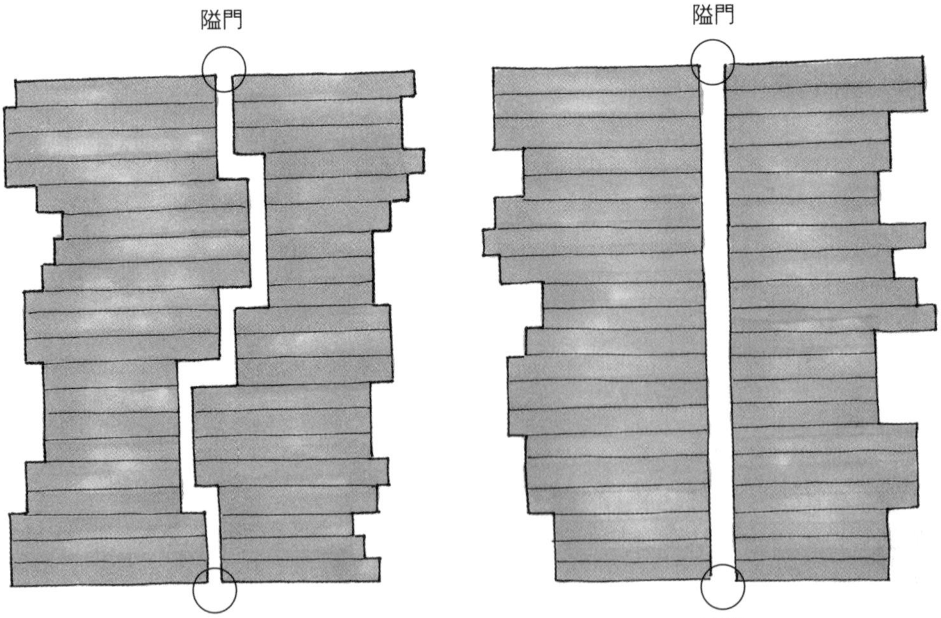

兩種街道型態示意圖

同安人、大龍峒、保安宮

大龍峒位於台北平原北邊，距離最熱鬧的艋舺地區有段距離，地處基隆河南岸，鄰近圓山地區，風景相當優美。早期曾是原住民大浪泵社居住的地區。漢人進入台北盆地開墾後，此地也漸漸出現了漢人聚落。

大龍峒的漢人聚落由泉州同安人組成，並以保安宮作為信仰中心，逐漸發展出街市。保安宮的建造從嘉慶十年（一八〇五）到道光十年（一八三〇），前後花了二十四年的時間。

保安宮主祀保生大帝，為醫藥神，也稱為「大道公」。保生大帝是北宋人，出生於福建泉州同安白醮，因此成為同安人奉祀的神明。保生大帝在世時懸壺濟世，並留有「點龍眼、醫虎喉」的故事。明代時相傳他以絲線過脈的方式，幫明成祖的妻子文皇后治病，後來即位的仁宗皇帝便封他為保生大帝。農曆三月十五是保生大帝誕辰，因此會在十四、十五這兩天舉行遶境

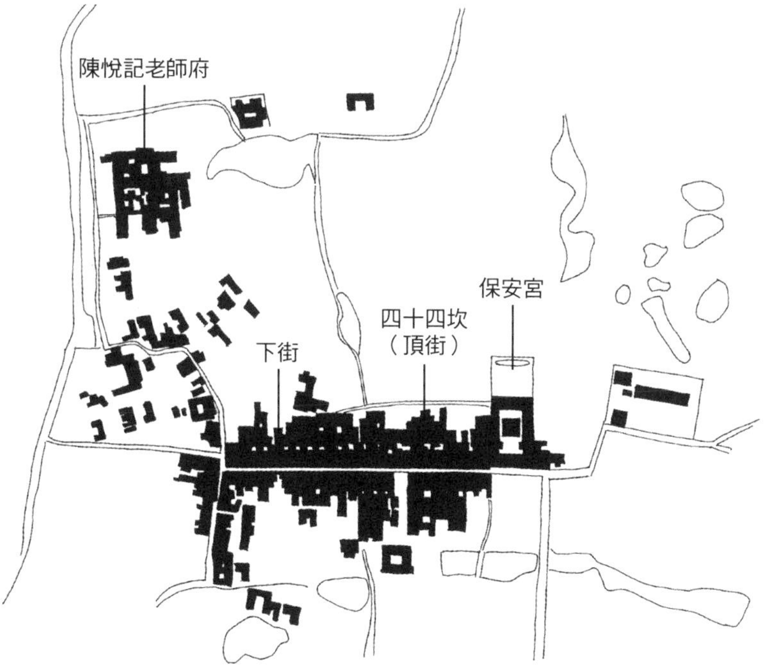

日治初期的大龍峒平面圖
（本圖據一九一六年「臺北市街平面圖」重繪）

活動，俗稱「大道公出巡」，是台北重要的廟會之一。

約與保安宮興建同一時期，以王、鄭、高、陳四姓為主的當地居民在緊臨保安宮的西側，合力建起了一條商店街。這條街分為南北兩側，每側各有二十二間街屋，兩側共四十四間，稱為「四十四坎」。這些統一規畫建造的店鋪，格局相同，每間街屋深一進，前方是磚造走廊，後方附帶小院。街道東西兩端則建有隘門，以作防禦之用。四十四坎亦稱為「頂街」，後來並以此為基礎，往南北擴充天井和後進，另外也往西側發展，形成「下街」。

保安宮後來在一九一七年重新改建，成為一座格局恢宏的廟宇，由前殿、正殿、

後殿、兩側廂房與鐘鼓樓組成。此時已是日治中期（大正六年），台灣民間富裕，廟宇逐漸走向精雕細琢的風格，保安宮因此成為日治廟宇改建風潮的早期作品，也是台北規模最大的廟宇建築之一。

當年保安宮在改建之時，採用了「對場」的方式建造。這是在日治時期很流行的一種建廟方式，請兩派人馬各作一邊，或者分作前後棟建築，完成後高下立判，勝者可以贏得在業界的好名聲。對場的方式不論在大木作、小木作、石雕、剪花等部分，都很常見，最大的特色則是在一棟建築中表現不同風格。保安宮正殿上下層屋頂間的斗栱，左右明顯不同，屋頂剪花的左右差異也很大，甚至規格大小不一，讓人明顯感受到匠師為了取勝，無不用盡全力力求表現。現今觀之，對場已經成為日治時期建築的一大特色，同時也是將寺廟建築藝術推往巔峰的重要助力。

清代的保安宮與四十四坎想像復原圖

文風鼎盛的大龍峒和陳悅記老師府

在清代，官方儒學僅僅負責管理文廟和舉辦科舉，實際上的教育工作落在地方書院。書院有官建、也有民建。台北最早的明志書院起初就是私人捐建的，艋舺的學海書院則是官建。若是官方設立的書院，想入學必須先通過考試，入學後每個月都還有考試，成績優秀者有膏火銀（類似獎學金，是給優秀學生點燈讀書的津貼）可領；若是民間辦的義學則以貧困學童為主，另有私人設立的書房或私塾，教授基本的讀書寫字能力，同時培養科舉人才。

艋舺的學海書院是清代台北地區比較著名的教育機構，不但有官方的財力支持，北台灣著名的教育家陳維英也曾擔任過院長，並在任內勸捐經費以重修書院建築，陳家還捐助產業支持書院的辦學。

大龍峒一地的市街規模雖然較小，商業活動也不若艋舺興盛，卻是一個文風鼎盛的地區。整個大龍峒考取

陳悅記老師府外觀

功名的人數，在台北地區向來屬一屬二。教育家陳維英就住在大龍峒。陳家共有陳維藻、陳維英、陳樹藍三人中舉，考取功名者共二十二人，真可謂書香世家。

陳維英在道光年間曾擔任福建閩縣的縣學教諭（類似現在的縣政府教育局長），回到台灣之後，則擔任宜蘭的仰山書院院長。他在咸豐九年（一八五九）中舉，就任艋舺學海書院院長以及明志書院講席，並在大龍峒保安宮內創立了「樹人書院」。樹人書院實際上是私人經營的書房，培養地方人才。一九二八年，地方人士倡議整修大龍峒文昌祠，並將書院遷至文昌祠內，仍沿襲「樹人書院」舊稱。

由於陳家如此奉獻心力在教育事業上，位在大龍峒西北側的陳家祖宅，因此被稱為「老師府」。

老師府的規模宏大，由南側的公媽廳與北側的公館廳組成。門前放置兩對旗桿座，一對木旗桿已經損毀不存，石旗桿則保存完整，旗桿上有旗斗，柱身上雕蟠龍，非常精美。旗桿是功名與官方的象徵，以往在廟前或官宅、官府前才能立旗桿，且大多為木造旗桿，石旗桿在台灣非常罕見。大龍峒地區當年文風鼎盛，至少立有五對旗桿，如今物換星移，只剩下老師府內這一對石旗桿，不但成為陳家文華家風的見證，更是台灣建築史上珍貴的文物。

陳維英晚年在大龍峒東北方的圓山地區，蓋了一座「太古巢」別墅，於此寄情山水、以文會友，可惜這座別墅目前已不存在，也沒有資料得知其面貌。

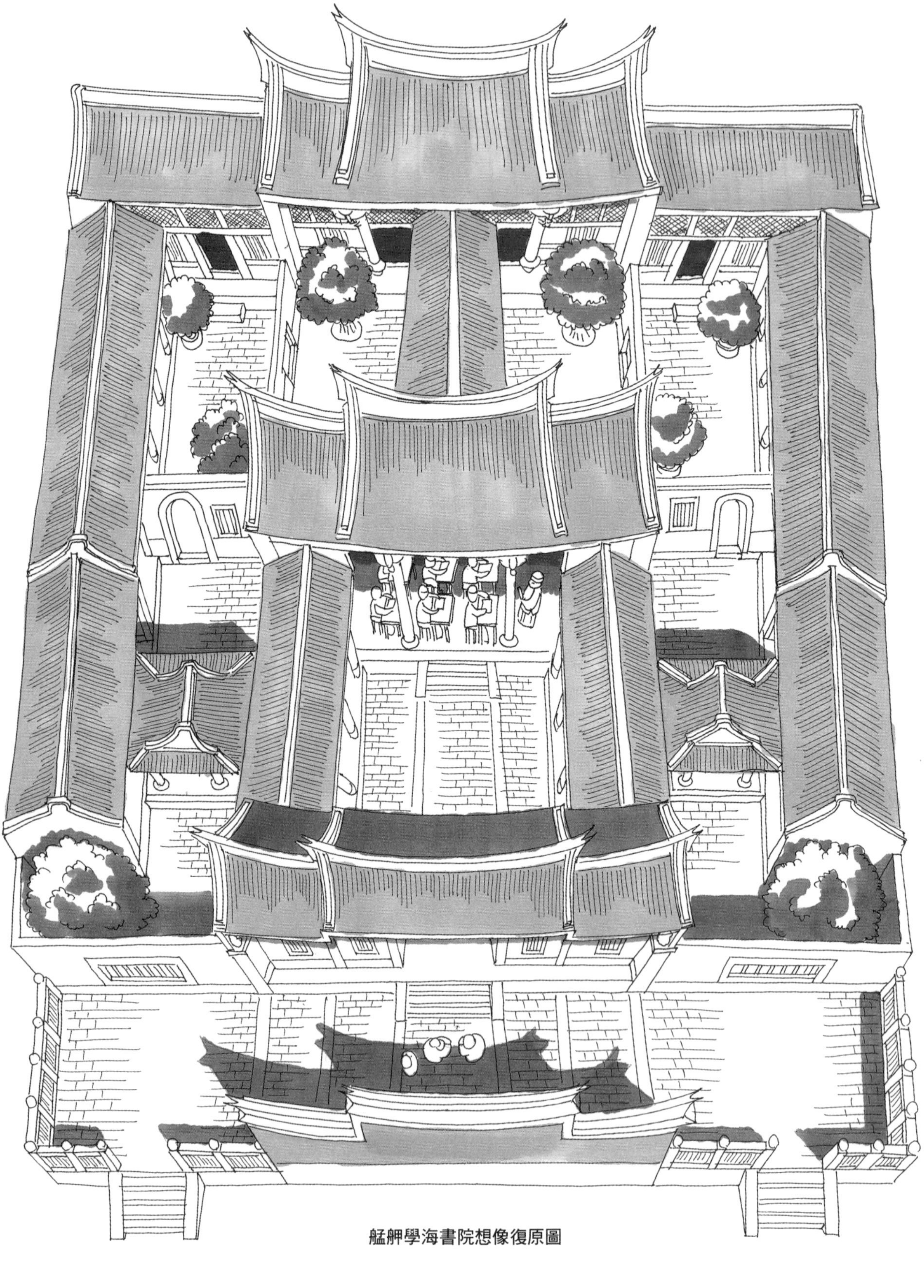

艋舺學海書院想像復原圖

漳州人、芝山岩、士林

基隆河是台北盆地主要的河流之一，由東向西注入淡水河。基隆河以北是劍潭山，此地有山水之勝，景色優美，同治年間就被列為淡水八景之一，稱「劍潭幻影」。劍潭，傳說是鄭成功來過此地，投劍入潭而得名。

繞過劍潭山之後再往北，在大屯山和基隆河之間有一片平原，這裡是漳州人的地盤，有名的芝山岩就在此地，是靠近山邊的一座小山丘。雍正年間，漳州人在芝山岩附近的雙溪河畔建立起店鋪，逐漸形成街市，稱為「八芝蘭街」，也稱為舊街。

八芝蘭街上建有天后宮及福德祠，芝山岩山頂上則建造了惠濟宮，奉祀開漳聖王，是此地漳州人重要的信仰中心。咸豐九年（一八五九）發生的漳泉械鬥波及此地，八芝蘭街市被焚毀，漳州人聚集到小山丘芝山岩上，並在山腰處憑藉著石砌隘門，抵抗泉州人的進攻。

這次的械鬥破壞相當嚴重，最後使得漳州人放棄了原有的八芝蘭街，往南邊遷移。漳州人在圓山和基隆河交界處，也就是淡水往大龍峒、艋舺等地的陸路必經之處，建設起新的街市，稱為新街，或稱為「八芝蘭城」。到了清末，此地改稱為「士林」。

漳州人此次的聚落重建別有意義。就像大龍峒建設四十四坎一樣，士林新街的建設同樣經過統一規畫道路、排水以及建築用地之後，才興築而成。建築採用街屋形式，以面寬一丈八的格局建造，外觀為規整的長方形，與自然發展出來的不規則街市截然不同。新街雖然沒有建造城牆，但是因為經過統一規畫，將街屋連接成排，遠看就像是城牆一般。

除此之外，在新街街道的四個交會點上，分別設有東、西、南、北四個隘門，隘門關閉時，外人便無法進入街市，讓新街的防禦能力確實就像是一座城池般。另外，在東南、西北兩個方向也挖掘了頂水擋和下水擋兩條運河，一通船、二防洪，設想非常周延。在如此精細的規畫下，士林新街足足有三面都由水環繞，實用與防禦功能兼備，又位居陸路與水路要衝，遂成為台北盆地北部重要的聚落。

士林新街的中央是媽祖廟慈諴宮，廟前廣場兼作市場使用。市場裡販賣的貨物，包含了從金包里大道運送過來的漁貨。金包里大道是一條把北海岸金山和萬里一帶，和台北的北投、士林連接起來的道路，目的是為了將金山的漁貨，翻越大屯山脈，送到士林來，總長約為三十公里。這條山路雖以石頭鋪成，但路面窄小，僅通人行，意謂著全程必須以人力背貨，其辛苦可想而知。又因為運送的大多是漁貨，這條路被稱為「魚路古道」。後來到了日治時期，慈諴宮廣場前建起紅磚造的公共市場。

目前士林城雖已不復存在，但士林市場和慈諴宮、部分老街還保存著，與芝山岩的隘門、惠濟宮，同為士林地區重要的古蹟，金包里大道則是台北市著名的古道。

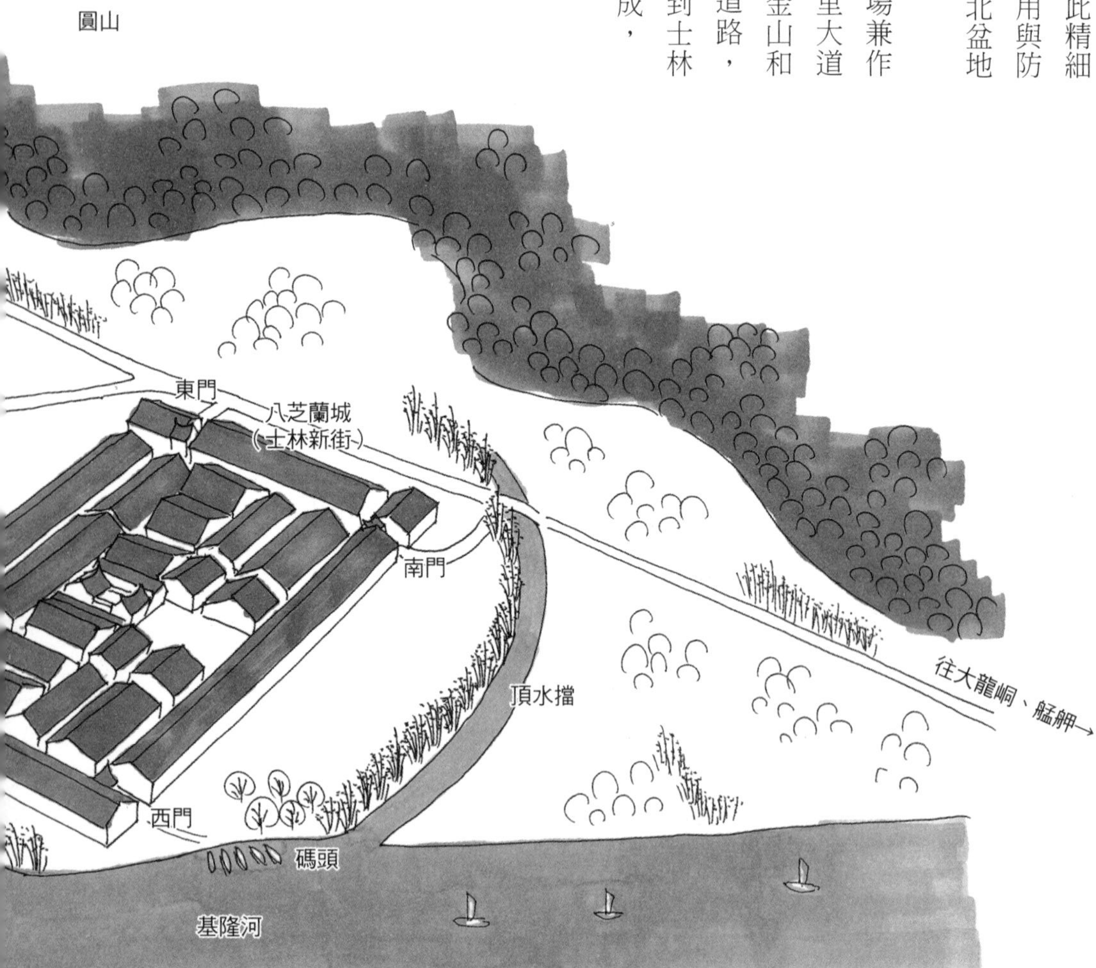

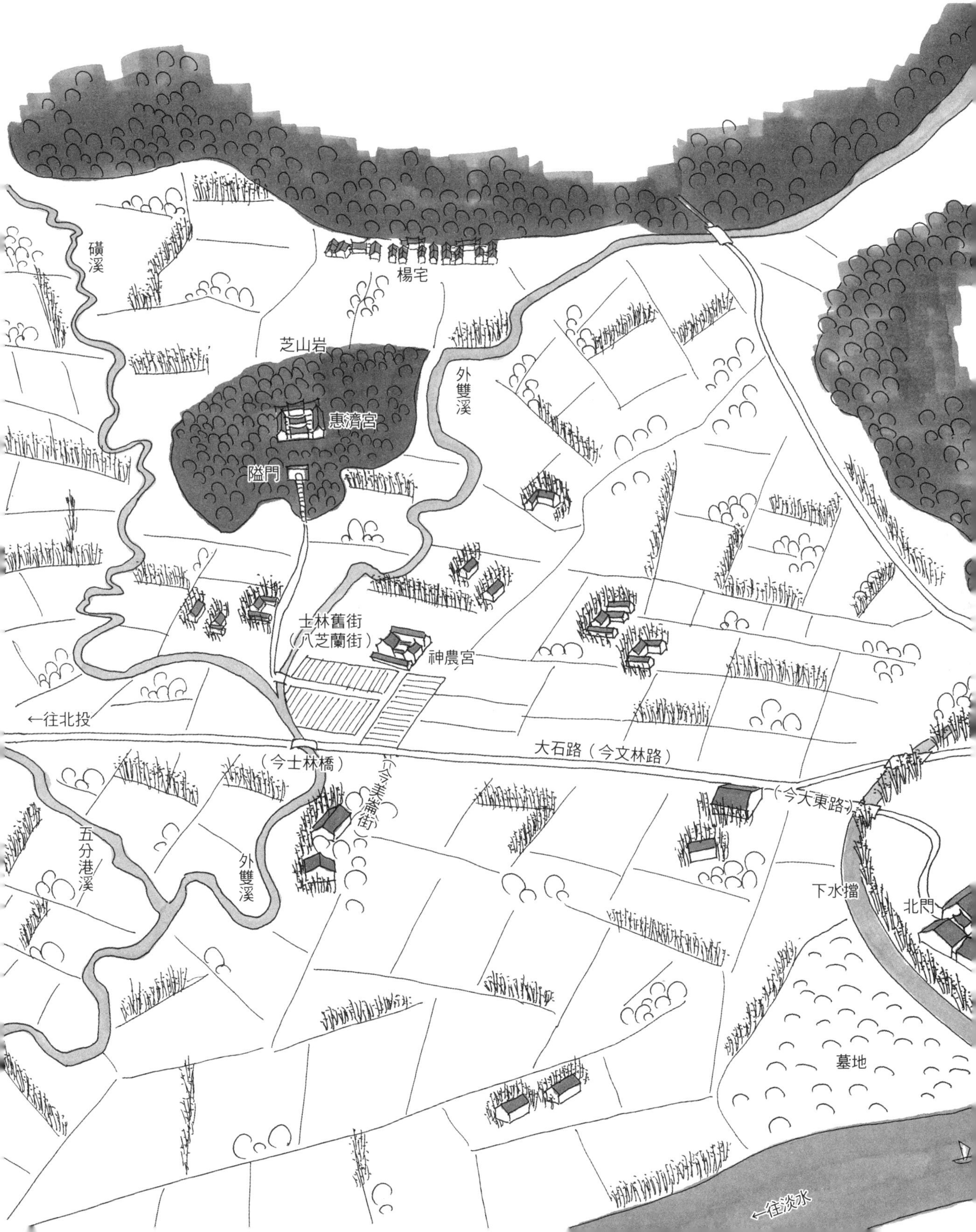
礦溪
楊宅
芝山岩
外雙溪
惠濟宮
隘門
士林舊街
（八芝蘭街）
神農宮
←往北投
大石路（今文林路）
（今士林橋）
（今美崙街）
（今大東路）
五分港溪
外雙溪
下水擋
北門
墓地
←往淡水

淡水港開港通商

清末，中國面臨前所未有的劇變。道光二十年（一八四〇）的鴉片戰爭慘遭英國擊敗，讓列強發現中國國力虛弱，侵逼態勢越來越劇烈。到了咸豐十年（一八六〇），清廷在天津條約中允諾開放台灣的淡水、安平兩港為通商口岸，意謂著洋商能夠自由在台灣進行貿易，傳教士也能進入台灣傳教，台灣從此門戶大開，開始接受近代西方的資本與宗教。

淡水河流域的進出口貿易一直是台北的經濟命脈。清代早期，淡水河下游出海口的淀泊地是南岸的八里坌。約莫到了嘉慶年間，因為港口淤塞，淀泊地轉移到淡水河北岸的淡水港，清廷也將鎮守軍隊移調過來。

淡水市街的開闢早先以泉州三邑人為主，他們從碼頭前的媽祖廟福佑宮開始發跡。福佑宮建於雍正十年（一七三二），廟前沿河發展出一條主要的街道，稱為下街，是船頭行的集中地。另外還有重建街、米市街、埔頭街、暗街等。淡水的地形多山丘而少平地，因此街市只能沿著河岸的水平方向開發，並隨著山坡地的地勢建立一層層的

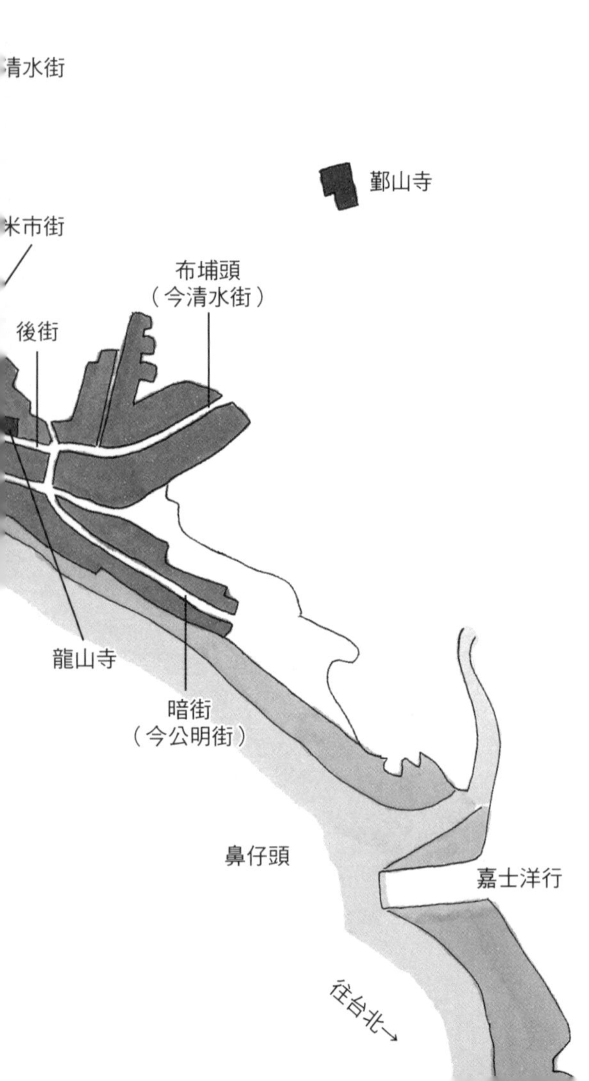

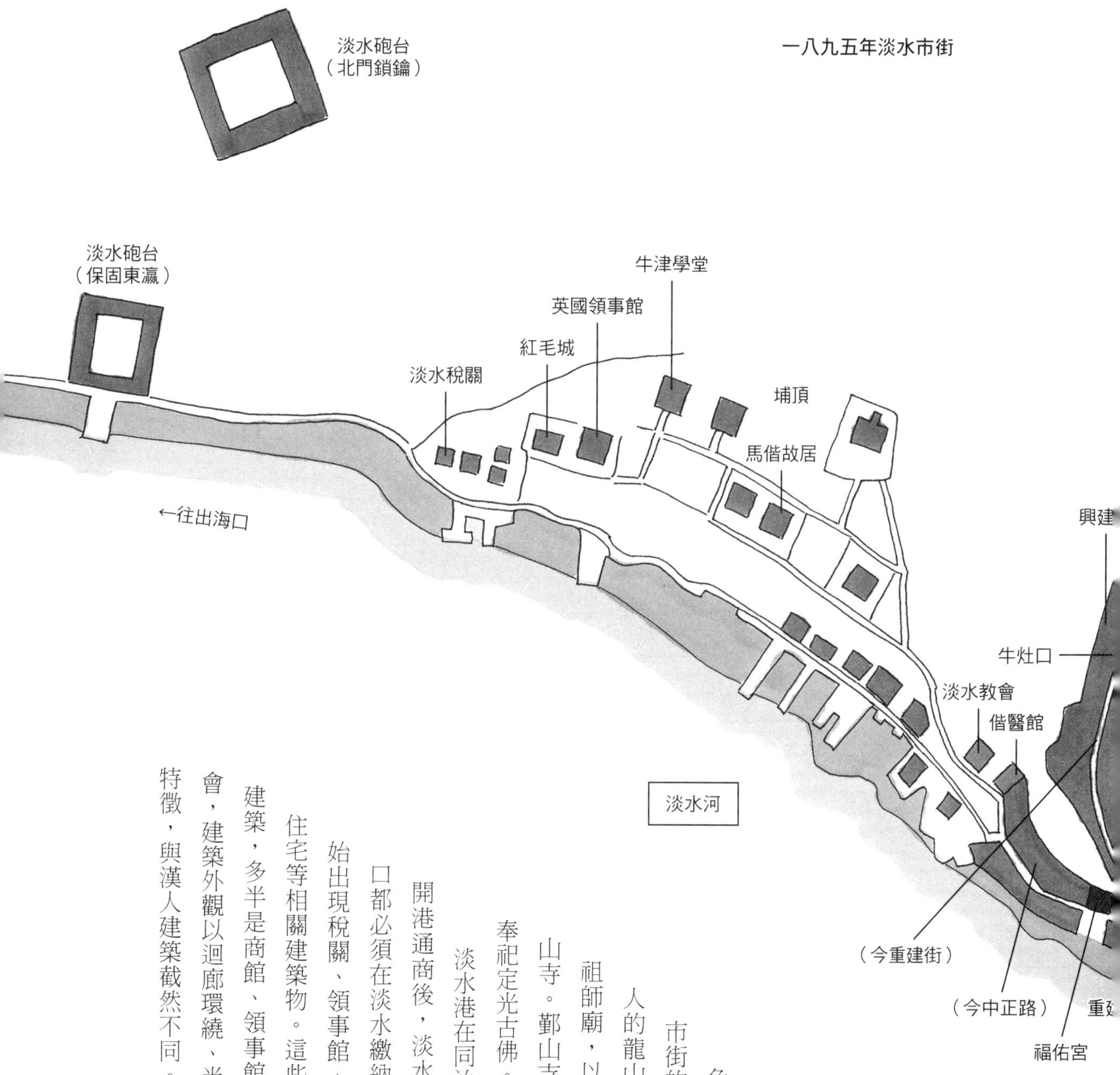

街道，形成獨具特色的聚落景觀。淡水市街的重要廟宇還有三邑人的龍山寺、安溪人的清水祖師廟，以及市街東南方的鄞山寺。鄞山寺是汀州人的會館，奉祀定光古佛。

淡水港在同治元年（一八六二）開港通商後，淡水河流域的貨物進出口都必須在淡水繳納關稅。淡水因此開始出現稅關、領事館、洋行、倉庫與洋人住宅等相關建築物。這些建築物為近代西方建築，多半是商館、領事館、住宅、倉庫、教會，建築外觀以迴廊環繞、半圓拱圈為最主要的特徵，與漢人建築截然不同。此時的淡水，呈現出華洋風格並存的城鎮風貌。

早期在台灣北部最重要的傳教士馬偕，在淡水開港之後，改以淡水為傳教根據地。馬偕在淡水建設了醫院、牛津學堂、女學校，以及自己的住宅。進入日治時期後，教會還在淡水建造了牧師樓、姑娘樓、淡水禮拜堂、淡水中學等建築。

西洋風格建築在日治時期仍然繼續發展，除了有日本人設計的淡水郵局、淡水車站，也有台灣人建造的洋樓，其中又以紅樓和白樓最為著名。

值得一提的是，日治時期在淡水火車站旁還有一棟油品倉庫，是殼牌石油公司的代理商「嘉士洋行」

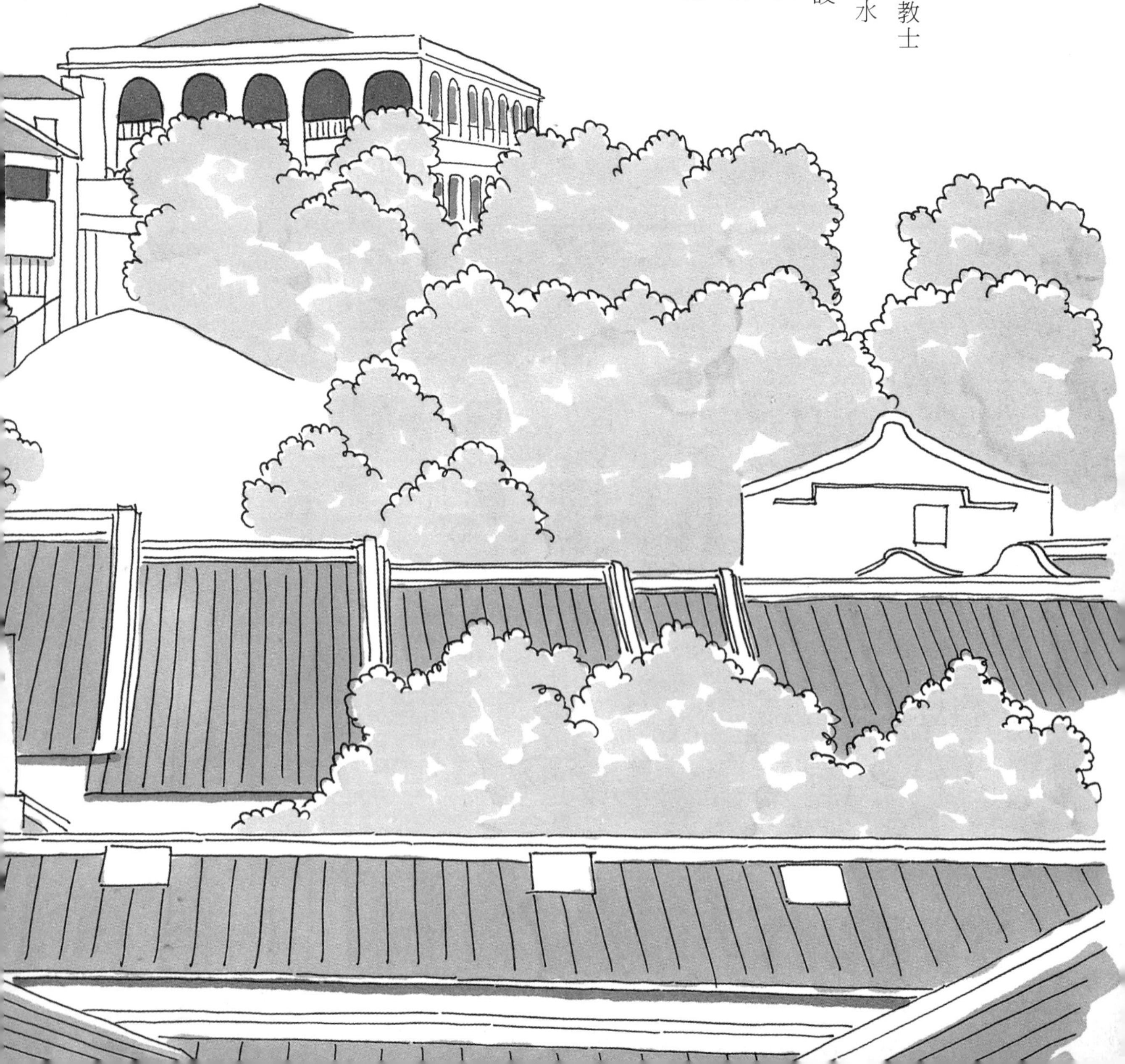

在淡水設立的碼頭與倉庫，與鐵路淡水線相連，從事油品進口生意，是一棟相當特殊的早期倉庫建築，其作法與清末的海關倉庫頗為類似，十分珍貴，現在仍有火車月台及多棟倉庫留存下來。

融合了漢人街市、廟宇、領事館、洋行、倉庫，以及基督教建築等豐富多樣建築風貌的淡水城鎮，恰恰表現出淡水作為開港通商的重要據點，是中西文化並存的最好見證。

新式稅關與領事館建築

自從道光二十二年（一八四二）訂定〈南京條約〉，開放五口通商之後，設立海關，對往來貨物徵稅，遂成為首要之務。咸豐十一年（一八六一），清廷將洋關從原有關稅制度中獨立出來，負責徵收沿海通商口岸的關稅，並將洋關業務委託英國人辦理，職稱是總稅務司，可指派各口岸的稅務司。這些洋關人員具有清朝官員的身分，從設立到選地、建造辦公廳舍的工作，都由洋人主持。在這樣的時空背景下，中國沿海出現了一批新式稅關建築。

在英國人主導下，台灣北部也陸續建造了淡水關與基隆關。此時的稅關選址都避開了漢人的市街，選擇在新地段進行開發。以淡水關來說，是在一八六〇年代租借淡水街北邊的未開發地，陸續興建碼頭、稅務司公署、倉庫等建築，稅務司官邸與洋員宿舍則蓋在鄰近的山坡上。基隆關亦然。基隆關起初設置在和平島的西

基隆稅關想像復原圖

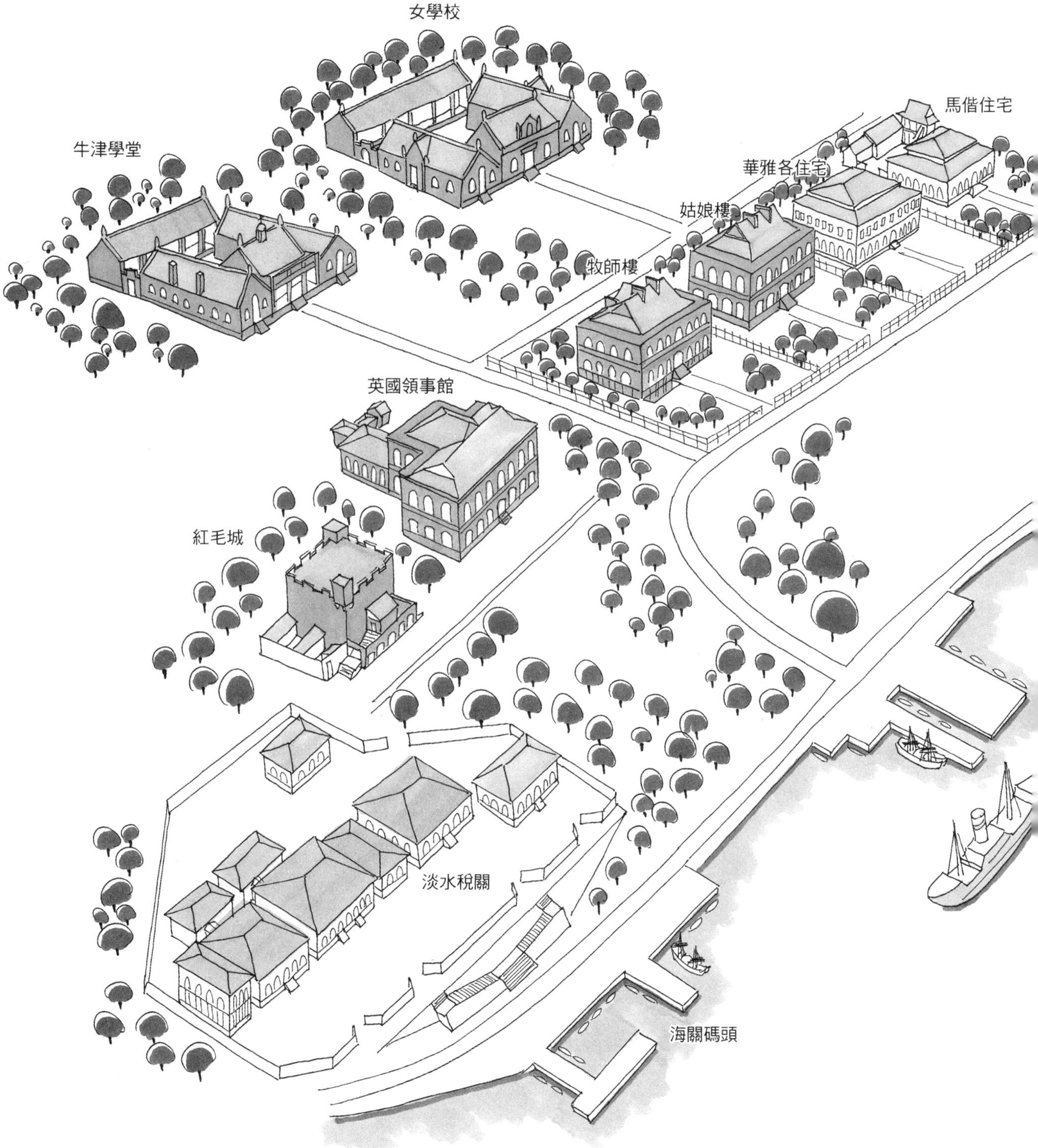
女學校
馬偕住宅
牛津學堂
華雅各住宅
姑娘樓
牧師樓
英國領事館
紅毛城
淡水稅關
海關碼頭

淡水市街北側的洋樓群

班牙城堡內，到了同治七年（一八六八），才在海岸邊購地興築一整排房舍，還在後方山坡上建了一座燈塔。這些海關建築大多造型簡單、帶迴廊拱卷、屋頂為四坡頂。到了光緒十九年（一八九三），又在大稻埕建造了稅務司公署，可見當時大稻埕河港貿易的繁榮。

台灣割日之後（光緒二十一年，一八九五），由於基隆與台北的稅關建築屬於英國總稅務司的財產，英國便以銀幣五萬兩的價格，讓與日本政府，繼續作為稅關使用。

英國人除了興建稅關，也在淡水、高雄兩地建造領事館。英國於同治六年（一八六七）和清廷訂約，租借淡水紅毛城為領事館之用，並且作了一些整修，增建了入口階梯、轉角瞭望塔，並在城外放置鐵砲作為裝飾。同治十三年（一八七四）又在城堡旁建造了一座新的領事館。新領事館正面朝南，視野良好，可以俯瞰淡水河與觀音山，歷經兩次增建後，成為今日的格局，東、西、南三面皆設有迴廊，以遮蔽日曬，背面則安置廚房、倉庫等服務空間，屬於當時洋樓常見的格局。

這棟精美的新領事館建築委由上海的事務所設計，自廈門運來紅磚，雇用台灣匠師建造。一樓有客廳、餐廳、書房，二樓為臥室。建築外觀全為精美的磚工，線腳與磚雕皆盡細緻。一樓立面採用弧拱，二樓立面改用半圓拱，在立面上形成優美的對比。一、二樓的走廊頂端局部使用鐵製的拱浪板，有別於一般的木樓板，具有良好的防火性能，並且更堅固耐用，這樣的構造在台灣僅有此例，相當獨特。室內地板則鋪設南洋進口的彩色磁磚，並安裝大型樓梯與壁爐等設施，可說是清末洋樓建築的代表作。

淡水開港之後，部分國家將台灣業務交由廈門或福州領事兼辦，部分國家則將業務委託英國領事。一直要到日治時期，各國才各派領事館駐台，他們大多落腳於淡水和大稻埕地區，而且許多領事館都借用以往的洋行商館來辦公。

舉例來說，大稻埕的德國領事館就建於日治時期，是一座宏偉的西洋古典建築，建築呈方形，四周帶有迴廊，是典型的陽台殖民地式建築，坐落在淡水河邊，大門朝向河面，與碼頭相連。德國領事館並沒有採用清末台灣洋式建築常用的半圓拱柱廊，而是採用平樑與簡潔規律的柱列，給人特別穩重的印象。

大體來說，洋關與領事館建築多半採用當時流行的

「陽台殖民地」樣式，這是在英國進入印度、東南亞等熱帶地區後，為了適應當地氣候而發展出來的建築樣式。一般為長方形，並在建築的三面或四面設置寬大的迴廊，以遮蔽炎熱的日曬，通風良好的迴廊還能成為日常起居的主要空間；迴廊在夏天是整個建築最舒適的地方。這種建築樣式雖起源於氣候炎熱多雨的南洋地區，卻同樣很適合台灣氣候，因此在洋行建築中頗為常見，成為洋人在台建築的重要特色。

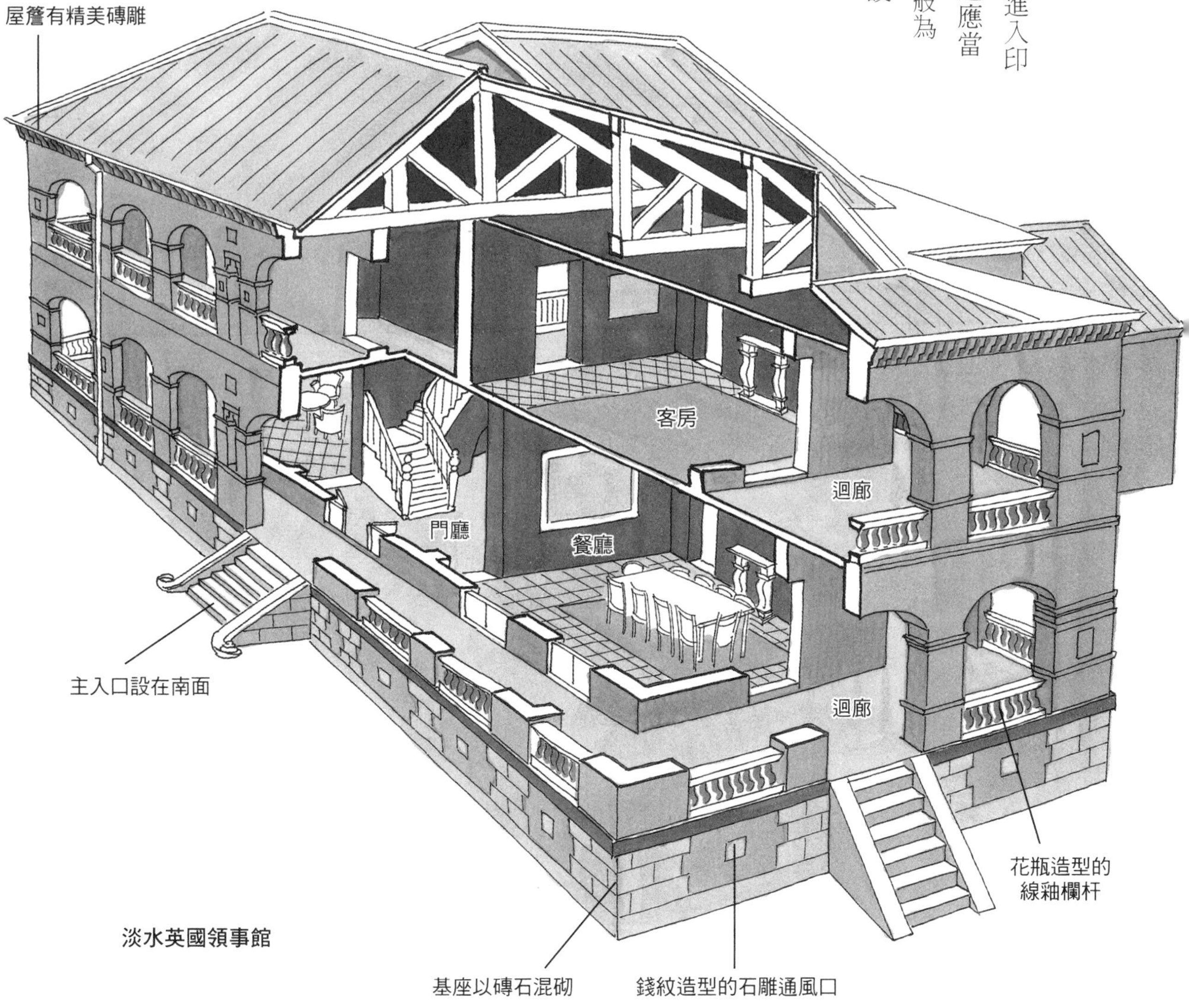

淡水英國領事館

馬偕牧師在台北宣教

西洋教士在北台灣的宣教活動，早自西班牙人占據基隆和淡水的年代就已經開始了。天主教宣教士曾經由淡水河進入台北盆地，對當地平埔族進行宣教。同治元年（一八六二）淡水開港通商時，也曾有一位基督長老教會的杜嘉得牧師，來到淡水傳教。

同治十一年（一八七二），基督長老教會的馬偕牧師，遠自加拿大來到北台灣的淡水，租屋居住並開始傳道。一年之後，他在五股坑建立了禮拜堂，這座禮拜堂以石塊、土墒建成漢人合院的樣式。光緒三年（一八七七）則在艋舺建立禮拜堂。由於艋舺民風強悍且排外，馬偕傳道時不但遭受民眾的百般汙辱，甚至差點遇害，他在艋舺建立的禮拜堂更兩度被民眾拆毀。但即使經歷種種危難，馬偕最終還是在艋舺建立了禮拜堂。他在日記中特別記述了這件事，認為是他在北台灣傳道的一大勝利。

馬偕的醫學背景讓他在傳道之外，也同時從事醫療工作。光緒六年（一八八〇），馬偕得到遠在加拿大的鄉親資助，以及一位美國人馬偕夫人，以紀念其先生馬偕船長的名義捐款，共三千元美金，在淡水創立了「偕醫館」，成為台灣北部第一所西醫院。當時最普遍的疾病是瘧疾和牙痛，馬偕和學生們經常在旅行時，在廟口頌唱詩歌，接著幫大排長龍的民眾拔牙，然後再講道。幫台灣人治病是馬偕傳道時的重要事項，據說他一生中為台灣人拔的牙齒，超過兩萬顆。

光緒十年（一八八四）中法戰爭爆發，儘管馬偕在偕醫館內救助了許多受傷士兵，事後得到清廷的褒獎，但在全台抵抗法國人入侵、仇外民憤發酵之下，台北仍有七所禮拜堂被居民搗亂拆毀。隔年，劉銘傳撥款一萬墨西哥銀元給教會作為賠償，馬偕便用這筆錢興建了艋舺、枋隙、錫口、新店等共六座禮拜堂。這些賠款禮拜

馬偕牧師
偕醫館
新店禮拜堂
牛津學堂

堂的正面都有高聳的尖塔，非常壯觀，和早期設立的布道所相比，可說是真正建造出具有教堂形式的建築。尤其特別的是，賠款禮拜堂的屋頂都設有小塔，造形類似中國的密檐式塔，似乎是為了安撫人心而與中國文化結合所作的設計。這幾座大型禮拜堂是淡水開港通商後，基督長老會早期在北部地區傳教最有代表性的建築，可惜如今無一保存下來。

除了醫療與傳道，馬偕還在淡水創立了牛津學堂（理學堂大書院）和女學堂，進行神學教育工作。學堂內不只傳道，也教授漢文、教會史、聖經神學、動物、天文、地理等學科，還有體育、歌唱、說話等練習，目的在培養本土傳教士。他還收集漢人文物及原住民文物、動物標本等，成立了一個博物館。

馬偕是近代開港通商以來，進入北台灣傳道最重要的人。他走過艱辛的開拓之路，布道範圍從台北盆地，到五股、新竹、苗栗、基隆，甚至遠及於東部的宜蘭、花蓮地區。他與台灣南部的馬雅各，同為基督長老教會在台灣紮根的兩位重要牧師。

為台灣付出整整三十年光陰的馬偕牧師，娶台灣人張聰明為妻，育有三位子女，最後在台灣過世，安葬於淡水的淡江中學內，可說是真正融入了台灣這片土地。當年為人治病的淡水偕醫館，現在仍保存完好，成為馬偕精神的重要見證。而馬偕牧師設計的建築，也成為開港通商後，基督長老教會在北台灣活動的重要遺存。

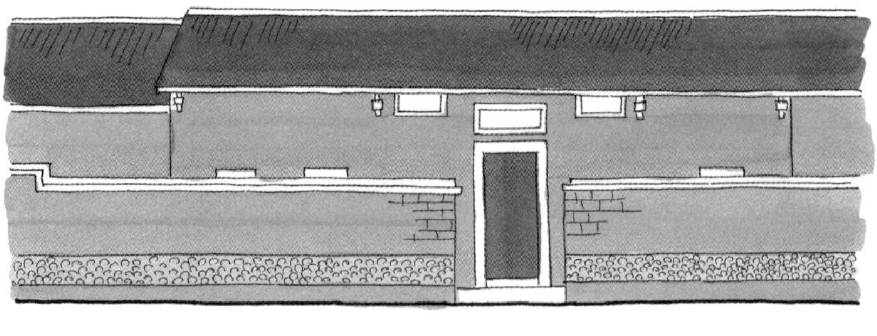

五股坑（今天的五股）禮拜堂

茶產業讓台北成為台灣經濟中心

淡水開港通商一事對台北經濟的影響非常巨大，其中關鍵尤其在於茶產業的開發。

茶文化在中國和日本都有悠久的歷史，西方則是到了近代才出現以英國為代表的紅茶文化。英國在殖民地生產茶葉與砂糖，再運回國內。英國的紅茶文化散布到歐美各國之後，形成了龐大的國際市場，在這樣的時空背景下，當淡水在同治元年（一八六二）開港通商，台灣的茶葉，特別是台北地區的茶，自然一躍而上，順勢進入國際市場。

台北地區氣候溼潤，非常適合栽種茶樹，在清代早期就有漢人自福建移植茶樹，在台北地區種植。同治五年（一八六六），英國商人杜德（John Dodd）引入了福建安溪茶在台北種植，並成立寶順洋行，在台北設置烘焙廠，生產烏龍茶，並且在同治八年（一八六九）將產品以「福爾摩沙茶」的名稱銷售到美國，大受歡迎，開啟了清末台灣茶外銷國際市場的貿易。

茶葉的利潤很高，因此迅速成為各商行投入的熱門產業。除了洋商之外，台灣、廈門、廣東、汕頭等華人商行也紛紛投入茶產業，而且成長迅速，勢力很快就比洋商還要壯大。當時，洋商主要經銷烏龍茶到歐美，華商則經銷包種茶到南洋各地。從同治七年（一八六八）到光緒二十年（一八九四），也就是大約從開港通商到日治之前，茶葉出口高達台灣出口貿易額的一半，而政府的收入有百分之六十來自貿易稅收，可見茶產業的規模與重要性。台北地區就在如此時勢中，躍升成為台灣經濟中心。

茶葉的生產需要耗費大量人力。先由茶農種茶、採茶，經過曬、翻、炒、揉、烘、篩等粗製過程，先製成毛茶，再轉售到精製茶館中，經過加烘、篩、撿等過程，成為烏龍茶，主要市場是美國。如果是包種茶，因為是帶有花香的茶，因此再製時要放入花朵來烘焙，使花香能夠滲入茶葉之中，完成後還得把花朵挑出，並與一定比例的烏龍茶混合，成為包種茶，主要銷售市場是南洋一地。

烘焙茶葉需要經驗和技術，每逢產茶季節，往往要從福建聘請熟練的茶工來台北製茶，甚至一直到日治初期都是如此，每年渡海來台北的茶工可多達五六千人。日治初期台北曾有土匪作亂，其中有人假扮茶工，使得當局下令禁止清國工人來台，此令卻造成了大稻埕茶商的恐慌，聯名上書陳情，最後當局順應民情，特許茶工來台，讓台北的茶葉能夠順利生產。

另外，裝茶葉的木製茶箱也必須由工廠專門生產，茶箱內還要放入錫紙以隔絕溼氣，同時放入鉛條，讓運送時能夠保持穩定，茶箱外還要彩繪圖案和商標。全部完成後，再販售給洋行輸出外銷。

總而言之，茶產業在北台灣提供了許多工作機會，每年三到十月是製茶旺季，分為春、夏、秋茶。每當製茶時節，大稻埕路邊、騎樓內都坐滿了揀茶工，成為因茶產業興盛而產生的特殊景觀。

到了日治時期，在日本政府強力操控下，外商洋行

逐漸退出台灣，改由日本商社掌握茶產業，其中規模最大者為三井商社，主要以機械化工廠生產紅茶。茶葉在日治時期前十年仍然是重要的外銷產品，不過比重逐年遞減。然而，日治時期台灣最優良的烏龍茶和包種茶，仍舊產自台北地區，因此讓大稻埕得以出現像李春生、陳天來這樣的大茶商。

台北最國際化的地區：大稻埕

大稻埕位在艋舺與大龍峒之間的淡水河邊，開發時間相當晚。咸豐元年（一八五一）有林益順商號到此經營貿易，是為開發之始。

三年之後，艋舺發生了頂下郊拼，同安人以林右藻為首，轉移到大稻埕開設商號，大稻埕才因此逐漸繁榮起來。聚落以媽祖廟慈聖宮及霞海城隍廟為中心，往南北發展出南街、中街、中北街、普願街等，也就是今日著名的迪化街。後來，本來在萬華地區開設寶順洋行的英國商人杜德（John Dodd），因為同治十一年（一八七二）艋舺發生排斥洋人運動，轉而改在大稻埕落腳，之後的洋商亦紛紛跟進，進駐大稻埕一帶。大稻埕因此成為台灣北部重要的洋人聚集地，也是台灣茶葉的產銷中心。

茶產業在大稻埕形成了一個完整的

大稻埕沿岸一景

產業鏈，所有粗製的毛茶都是運到大稻埕加工，製作成包種茶或烏龍茶後，再行外銷。大稻埕因此出現了許多與茶產業息息相關的建築物，如茶棧、精製茶館、洋行等。茶棧就是存放毛茶的倉庫，茶農或茶販將毛茶運到茶棧存放並進行交易，接著運到精製茶館。精製茶館又分生產烏龍茶的「蕃莊」和生產包種茶的「鋪家」。另外還有茶箱製作工廠，以及最後販售給專營出口的洋行。

洋行建築現在雖然已經完全不存在了，但從文獻與老照片資料可以看出，洋行多半高兩層樓，外圍一圈迴廊，立面作半圓拱，也就是類似陽台殖民地樣式。據文獻記載，英商德記洋行的洋樓建築，一樓是倉庫，二樓作辦公室，也許就是當時洋行的普遍作法。當然，大稻埕還有許多華人經營的茶行進行出口貿易，不過目前留下的資料不多，無法知其樣貌。

清末在大稻埕設館的洋行多半位在淡水河邊、建昌街、千秋街（今貴德街）以及六館街（今南京西

路）一帶，這裡臨近淡水河碼頭，距離大稻埕漢人市街及台北城內都不遠，位置適中，建昌街以東還有一條南北向的小運河，將此區與漢人街市隔開來，非常符合當時「華洋分居」的想法。這條南北向的小運河連接了各商館的後門，頗具歐風情調，是大稻埕很有特色的一個地段。清末劉銘傳任台灣巡撫的時候，曾大力對這個區域推行建設，還在光緒十一年（一八八五）指定大稻埕為外僑居留地。

光緒十三年（一八八七），台灣和福建之間的電報線路安放完成，電信總局設置在建昌街，而非城內的政治中心區，可想而知電信設施對於貿易訊息的傳遞將提供多大的便利。

兩年之後，在劉銘傳的推動下，板橋富商林維源與大稻埕茶商李春生，於光緒十五年（一八八九）合資成立了建昌公司，在大稻埕進行築堤、開發新街市，出售或出租土地的業務。這項開發相當受到洋商歡迎。與淡水河平行的千秋街、建昌街上，不但蓋起了兩層樓高、帶西式拱卷的洋樓，也出現傳統的中式磚造街屋。另外還有東西向的六館街，街道寬闊，兩側都是高大的建築與西式洋樓，據說六館這名稱就是來自六座洋行。

建昌街的洋樓街景

光緒十七年（一八九一），從基隆到台北的鐵路通車，台北站就設置在六館街南邊，鄰近洋人居住區，可見鐵路的規畫也緊扣著大稻埕的茶葉貿易活動。

雖然開發較晚，但清末的大稻埕已凌駕清代早期的新莊與清代中期的艋舺，成為當時台北的經濟中心，不但形成以漢人為主的傳統市街與洋商居住的洋館區，還擁有台北最大規模的市街。而洋商的進駐與西洋風格的建築景觀，除了是西方商業資本進入台灣的象徵，同時也將大稻埕轉變成為清末台北最國際化的區域。

日治初期的大稻埕市街（本圖據「一九〇五年臺北市區改正圖」重繪）

朝氣蓬勃的商店街屋

街屋是清代台灣漢人商業聚落最主要的建築方式。街屋的特徵是正面很窄，與左右一棟棟並連，深度很深，前後可以建造好幾進（一棟房子稱為一進），每進之間以天井隔開。街屋的左右牆壁都是和隔壁共用的，稱為「公壁」。經過規畫建街的街屋將形成整齊的街景，每家內部再各依需要，建造不同深度和高度的房屋。

街屋有優點也有缺點。優點是可以很有效率地作生意，形成一個完整的商業街區，還具有優良的防禦性，只要在街道兩頭設置隘門，立刻就能封閉街道，阻擋外人進入。缺點是生活空間較為擁擠，左右側無法開窗，只能靠天井來採光和通風。不過，許多清代街屋都建造得很高大，內部有兩層或三層的木樓板，因此解決採光的另一方式是在室內設置樓井，並在屋頂開設天窗。

一座商店街屋通常包含了亭仔腳、店鋪、倉庫、住房、神明廳、天井、廚房等空間。街屋可以是住商混合的，有些甚至還兼有手工作坊的功能。

大稻埕作為清末台北的經濟中心，其主要街道迪化街無疑最能看出街屋的樣貌與演變。迪化街的長條街屋從清末開始建街。清代街屋的特徵是立面簡單，正面不作柱子，只有左右兩道牆。牆壁多用磚石、土埆建造。亭仔腳深度很淺，設置主要目的是為了遮陽避雨，而不是供路人行走。這樣的設計，讓整個店面可以很明顯地露出來。店面中央是門，左右兩側有大型窗戶，白天把窗板卸下來就可作為賣鋪，與現代商店的展示櫃概念完全相同。室內則依照深度不同另作木隔間，上下樓層有樓梯，每棟房子都面對天井開門窗，以利採光通風。

日治時期引入了西洋風格，也帶入了新材料和新工法，大大改變了大稻埕街屋的風貌。首先，按照日本當局訂下的建築規則，日治時期的亭仔腳建造得比較深，可以供路人行走。牆壁部分，不同於清代多以磚石和土埆建造牆壁，日治之後改用紅磚蓋牆，建築高度因此增加不少，有些建築再加上夾層甚至可達到四層之高。還有些建築將天井加蓋，成為室內空間。而日治街屋的建築立面，則按照日治不同時期所流行的樣式，可分為大正紅磚式樣、西洋古典風格、貼面磚的折衷風格等。

以大正年間流行的紅磚街屋來說，正面高度兩層樓，一樓為亭仔腳。建築立面有兩根柱子，將立面分為三等分，中央大兩邊小，一樓柱頂作拱卷，二樓開三個窗戶，頂端還有簡單的女兒牆，整體形成協調的比例關係，建築正面還會掛上寫有店號的匾額。大體來說，大正年間的街屋景觀比較單一，大稻埕在日治時期新開闢的著名道路「太平通」（延平北路），就採用了這種風格來建街。

新材料鋼筋混凝土流行之後，直接用一根橫樑就可以作立面，不再需要立柱與拱卷，建築也開始變得多樣化起來，表面材質有紅磚、洗石子、磁磚，還有許多西洋花草裝飾。在這段時期裡，建築物正面頂端的山牆變成了裝飾焦點，往往做得非常花俏，每座街屋都有自己的風格。不過由於每層樓的高度都是固定的，整條街依

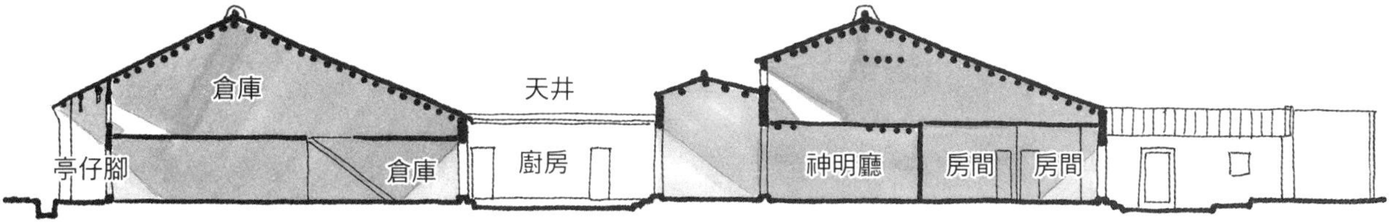

迪化街街屋（清代）

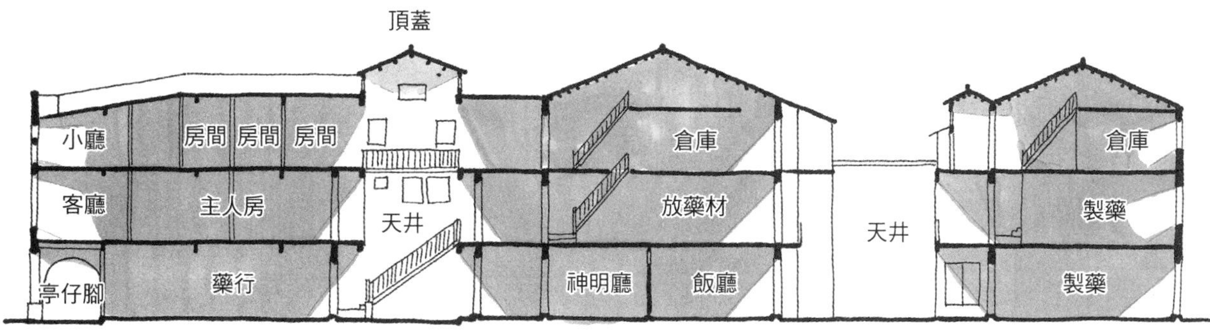

迪化街街屋（日治）

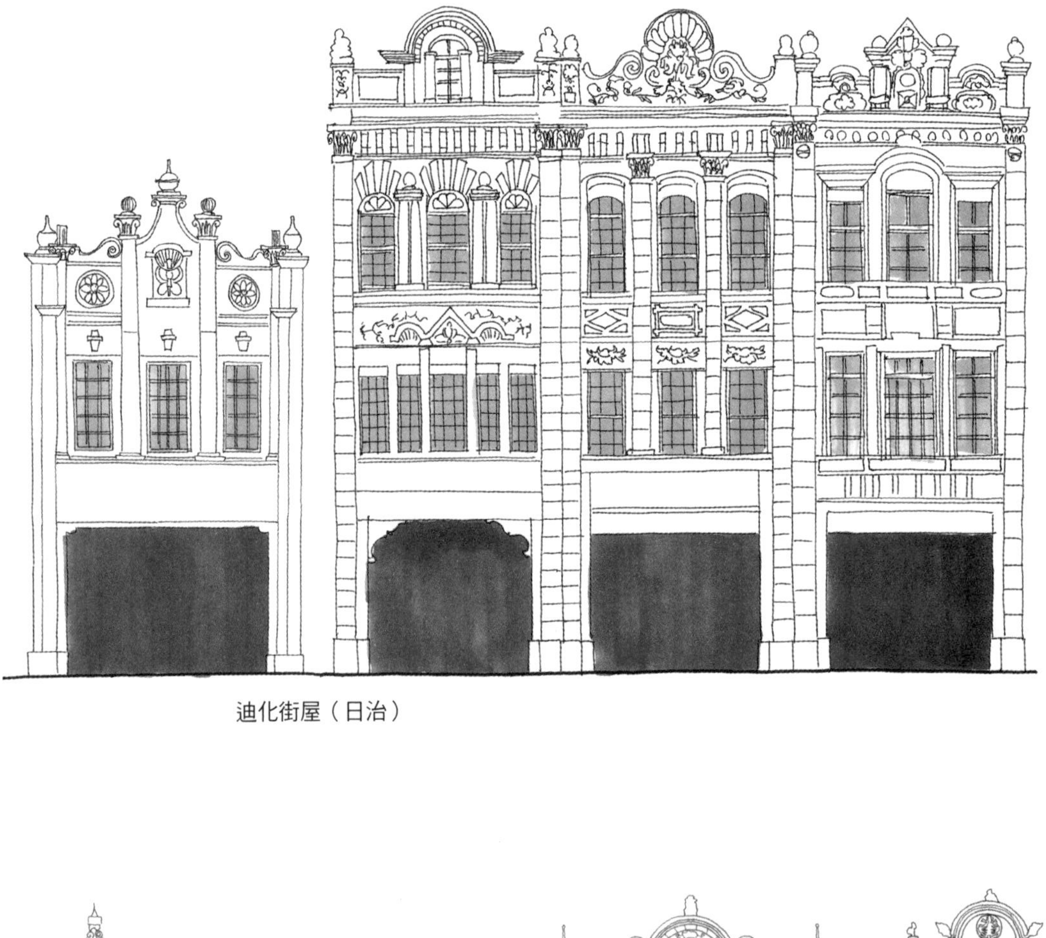

迪化街屋（日治）

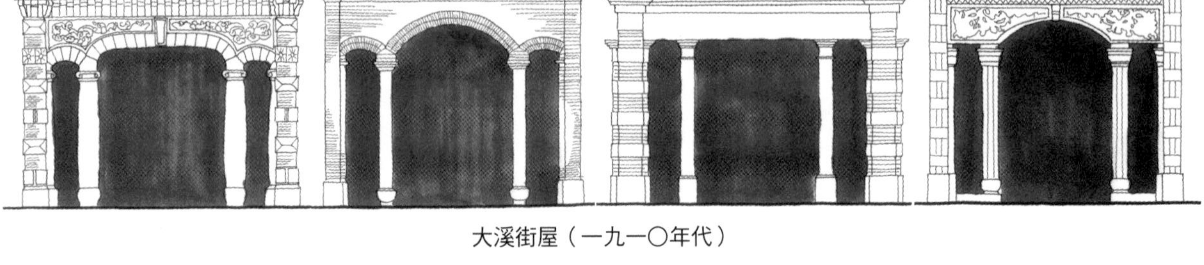

大溪街屋（一九一〇年代）

然保有良好的整體性。

日治時期比較有特色的建築是李春生家族的三棟西洋街屋，由日本建築師設計，有華麗的山牆、優美的西洋柱式以及許多精心設計的細節，窗戶外還有陽台，為迪化街增添不少歐風情調。

台北現存比較著名的老街有大溪、三峽、大稻埕等，其中迪化街街屋從清末開始建街，到日治時期仍不斷增建或改建，最能表現各個時代的建築風貌，到今天也依然是台北著名的商業街，經營南北貨和中藥材，每年過年還成為台北的年貨大街，往來客人絡繹不絕，是一條非常有活力的老街。

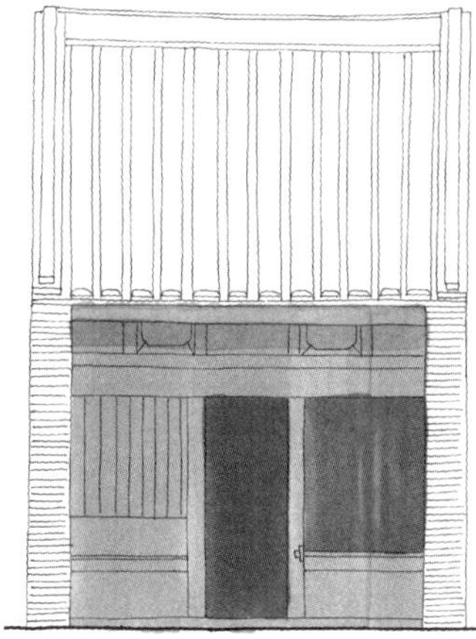

清代迪化街屋

迪化街屋（日治）

迪化街屋（日治紅磚式樣）

三峽街屋（一九一〇年代）

美輪美奐的富商洋樓

大稻埕因為茶產業的發展而在清末躍升為台灣經濟重鎮，即使到了日治時期，大稻埕也依舊是台北地區台灣人的經濟中心。在這個背景下，大稻埕一地出現不少本地富商，如李春生、陳天來、陳朝駿等人，他們都藉著茶產業發跡，並在台北建造豪宅。

李春生本是廈門人，因通曉英語而成為杜德洋行的買辦，買辦是指外國洋行在台灣從事貿易時，能夠翻譯與熟知地方事務的管理者。李春生從買辦而自立門戶，經營茶葉生意，繼而成為鉅富，並在日治時期成為大稻埕重要仕紳。李春生家族在當地蓋了許多洋樓住宅與兩座禮拜堂，都是西洋風格的建築。

陳天來在光緒十七年（一八九一）設立錦記茶行，

李春生家族洋樓

大稻埕禮拜堂

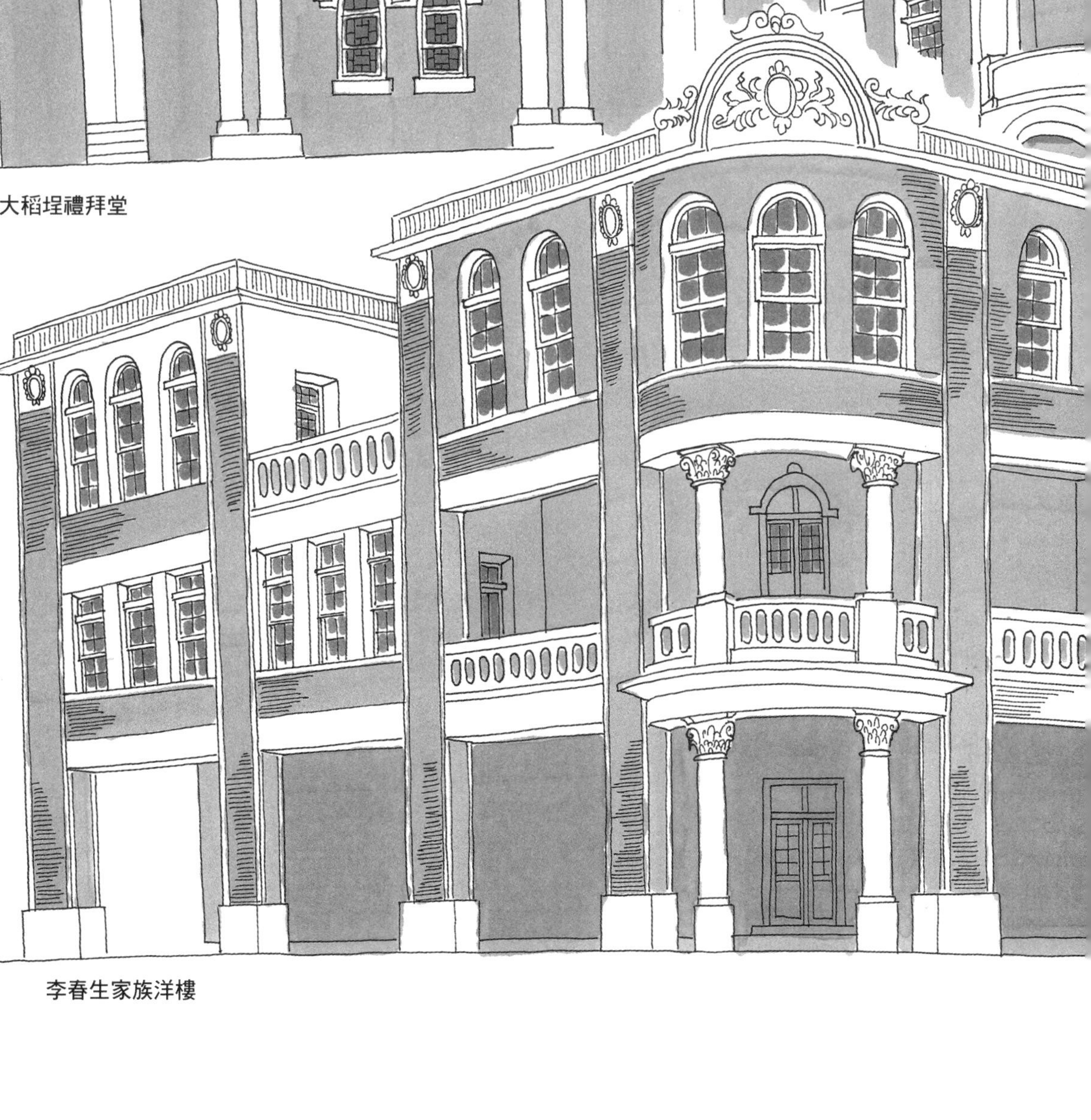

李春生家族洋樓

並在日治時期因從事烏龍茶與包種茶的南洋經銷，成為大茶商，一九二六年還擔任台北茶商公會會長。一九一〇年代，陳天來在貴德街建造了一座龐大的宅第，這座巨宅高三層樓，面向淡水河。正面採用白磁磚貼面，有精美的開窗與西洋柱式，背面以紅磚建造成日治時期流行的辰野式樣，室內裝修多採用木雕、磁磚、磨石子等，風格也是西洋式。這座洋樓無論是外觀或室內裝修都華麗無比，不僅是大稻埕重要的地標，說是日治時期台灣洋樓的代表作也不為過，與日本人建造的西洋式官方建築相比更是毫不遜色，宅後還有帶假山水池的庭園，足見大稻埕茶商的豪奢。

富商陳朝駿則在圓山腳下的基隆河邊，購地興建了一座小洋樓，這座洋樓下半部用紅磚，上半部用木結構，是當時比較少見的英國都鐸風格建築，充滿著濃濃的浪漫情調。洋樓後門則鄰接碼頭，可自大稻埕乘船，沿基隆河而上，直接抵達小洋樓。

大稻埕另一位富商葉金塗因經營鳳梨產業而致富。他早年種植鳳梨、竹筍，後來到東北去學習罐

陳朝駿住宅

頭製作技術，回台後經營鳳梨工廠，成為鉅富，全盛時在全台擁有八座工廠。一九一八年，葉金塗在大稻埕蓋了一座紅磚豪宅，高三層樓，一樓作辦公室，二、三樓為住家，並有庭園假山，建築外觀採用當時流行的辰野風格，有許多西洋花草，最特別的是在花草中加入了鳳梨裝飾，隱喻他所經營的鳳梨產業。

台灣中部著名的鹿港富商辜顯榮，也在大稻埕建造了一座洋樓，作為辜家鹽業生意的辦事處。

繼清末洋人在大稻埕引入的陽台殖民地建築風格，日治時期的台灣富商也繼續在大稻埕營造西洋風格的建築。只不過，此時期建造的洋樓是由日本人引進的洋樓文化，和清末洋商建築並不相同。

陳天來宅

日治時期的洋樓不拘泥於整齊的方形平面，也不再採用四面迴廊，建築立面以三角楣、柱列、窗戶搭配走廊等，造型豐富多樣。建材則使用紅磚、鋼筋混凝土，並流行用水泥翻模製作各種柱頭、裝飾紋樣等。整體建築裝修遠較清末的洋樓來得講究，有洗石子、磨石子等仿假石工法，也廣泛採用磁磚貼面，室內還會用木材製作門窗、裝修牆面、天花板等。格局上因為少了迴廊，室內直接對外開窗，採光效果也比較好。

洋樓文化進入台灣以後，也和台灣的合院建築產生結合，如陳天來宅就作成凹字型平面，與傳統三合院有相似之處。日治時期的洋樓在精緻化發展下，也有本土化的趨勢。而大稻埕的都市景觀，雖然漸漸從清末洋樓風情轉而成為台灣茶商的西式豪宅，卻仍然繼續引領著時代建築風騷。

如今，這些洋樓經過多年歲月，李春生家族的洋樓大多拆除，辜顯榮鹽館與陳天來宅邸保存完好，葉金塗宅則是保留了建築外觀，內部拆除，建起了大樓，成為台灣古蹟立面保存的一個特例。

辜家鹽館

葉金塗宅

霞海城隍廟會

　隨著大稻埕在清末一躍成為北台經濟中心，當地的宗教活動也隨之興盛。大稻埕的信仰中心是霞海城隍廟，每年五月十三日舉辦的城隍遶境活動，從光緒五年（一八七九）到日治時期，盛極一時，信徒自全台匯聚到台北，人數達數十萬之多，造成旅館爆滿，鐵路還必須加開班次應付人潮，可見每年廟會之轟動，因而產生「五月十三，人看人」的說法，堪稱北台一大民俗盛事。

　霞海城隍是泉州同安人奉祀的地方神明，和一般官祀的城隍廟並不相同。霞海城隍起初奉祀於艋舺八甲庄，後來因為頂下郊拼而隨著同安人到大稻埕落腳，自咸豐六年（一八五六）到咸豐九年（一八五九）完工，成為大稻埕的地方信仰中心。大稻埕另外還有由台北三郊奉祀的媽祖廟慈聖宮，以及茶商的保護神——法主公廟。霞海城隍廟、慈聖宮和法主公廟是大稻埕三大廟宇，三間廟宇中以霞海城隍廟的規模最小。相傳霞海城隍廟坐落在「雞母穴」或說「蜂巢穴」上，不能輕易改建，所以直到今天仍舊是一座小廟，但是香火非常旺盛，在台灣的寺廟史上頗為少見。

⑳ 七爺

㉑ 將腳（信徒）

　霞海城隍廟會的舉辦，主要是藉著城隍聖誕，讓城隍爺出巡轄區，以驅除邪祟，保境佑民。出巡有日夜之分，夜間出巡稱為「暗訪」，由城隍爺駕前護衛「八將」出巡，捉拿鬼怪，清理轄區，白天再由城隍爺出巡遶境。

遶境的神明隊以城隍爺轎為核心，八將為駕前護衛，還有各軒社出動的樂隊、神將等。軒社是一種民間組織，結合南、北管樂團、神將會等，參加各廟會的遶境活動，並演出子弟戲。發展到了日治時期時，大稻埕共有五大軒社參與城隍出巡，光復之後更拓展為八大軒社，其中又以「靈安社」和「平樂社」的歷史最悠久，兩個軒社都有謝范二將軍、文武二判官等神將；大稻埕慈聖宮則有千里眼、順風耳兩大神將。如果是有「交陪」（平日有往來之意）的廟宇，也會出動隊伍前來助陣。神明遶境時，沿途的住戶或商家都會擺設供品、燒香祭拜，祈求平安順利。

參與巡行的隊伍，還有許多不具宗教性質的陣頭，主要目的是增加熱鬧、娛樂大眾，常見的有龍陣、獅陣、藝閣、蜈蚣閣等。還有生病的民眾，穿黑衣、戴紙枷鎖，跟隨隊伍，稱為「夯枷」。也有民

⑮大鈸 ⑯小鈸 ⑰花籃鼓架 ⑱哨吶 ⑲八爺

㉒城隍爺神轎

㉓香腳（信徒）

眾打扮成官將造型（打臉），作城隍的部下，這些都是自認罪惡深重，希望透過這樣的活動來祈求城隍赦免的人。

藝閣和蜈蚣閣則是日治時期霞海城隍廟會很重要的特色，多半由各商號出資打造。藝閣也稱為詩意閣，是在一片木板上，裝飾假山樓閣，並請少女或藝妓坐在上面，由人力背負遊行。蜈蚣閣則是由兩人扛起一張椅子，椅子上坐小童或女子，將許多椅子前後用繩子串起來遊行，因看似蜈蚣而得名。這些陣頭因為是由商家出資聘請，具有廣告效果。畢竟廟會時人山人海，當然也是商家做生意的好時機。藝閣遊行甚至還舉辦過造型比賽，爭奇鬥艷，是非常有特色的民俗嘉年華會。

今日霞海城隍遶境的規模雖

❻龍陣

❾軒社頭旗　❿子弟燈　⓫彩牌　⓬大鑼　⓭響盞　⓮沙鑼

已不比當年，內容也有所改變，在台北地區仍然是重要的廟會，其他如萬華、淡水、新莊、三重等地的大拜拜活動也同樣每年舉辦，台北地區的民俗廟會活動至今興盛一如往昔。

遶境日巡隊伍（依序排列）

❶報馬仔　❷路關　❸頭旗　❹頭燈

❺獅陣

❼藝閣（藝旦南管表演）

❽蜈蚣陣

戲曲與布袋戲

戲曲是台灣人重要的娛樂活動，自清代到日治時期，無論神明聖誕、求神還願、各種喜慶等，都會請戲班來演戲，其中又以酬神戲為主。酬神戲會在正戲演出之前，先演所謂的「扮仙戲」，如「三仙會」、「醉八仙」、「天官賜福」等劇目，扮演仙界神明賜福人間，也是對神明的禮敬，這是傳統戲曲的特色。在亂彈戲或布袋戲中都有「扮仙戲」。

另外，在酬神戲中，有一種稱為「字姓戲」，就是在廟會時輪流由同姓人士共同出資請戲班唱戲。甚至有藉著演戲場合來頒布禁令的。如果有人觸犯禁令，或者為了向人陪罪，也要請戲班唱戲，稱為「罰戲」。此外還有「拚戲」，也就是兩邊各擺一台，演出不同劇目，稱為打對台戲。

傳統戲曲可分為音樂與戲劇兩大類。在清代，台北地區的音樂主流有北管和南管，戲劇則以亂彈戲和布袋

布袋戲：福祿壽三仙

戲為主。

以音樂來說，北管和南管各有不同的傳統曲目，南管樂講求典雅，樂器為琵琶、洞簫、二絃、三絃等，言辭優美，曲調高雅，受上流人士喜愛；北管則採用鑼鼓、嗩吶、三絃等，曲調熱鬧高亢，因此比較受一般民眾歡迎。

在戲劇方面，以北管搭配人物演出的戲劇稱為「亂彈戲」。演出北管戲的戲班有職業的「亂彈班」和業餘的「子弟班」。子弟班由有心的地方人士出資成立，又稱為「軒社」。軒社多隸屬於廟宇，會在廟會慶典時參與遶境，並搭台演出「子弟戲」。亂彈戲是清代台北戲劇表演的主流，並一直延續到日治時期。

另外，布袋戲也是很受歡迎的劇種。清代的艋舺、大稻埕、新莊都是布袋戲重鎮，到日治時期更是百家齊鳴。清代艋舺以南管布袋戲為主，有號稱「南管雙璧」的陳婆與童全，經常在廟前演出對台戲，所以有「鬍鬚全與貓婆拚命」之說。大稻埕和新莊則流行北管布袋戲。日治之後南管布袋戲逐漸衰落，布袋戲遂成為北管布袋戲的天下。新莊著名的布袋戲團「小西園」是許天扶在日治時期所創，戰後創立「亦宛然」的李天祿則出生於大稻埕，在日治時期就非常活躍。

一般來說，清代戲班在演戲時並沒有固定的舞台，多半臨時在路邊或在廟埕前面搭設。雖然也有寺廟設置固定戲台，卻很罕見，台北地區已知的有台北城內的天后宮戲台，布政使司衙門、籌防局內也各有一座戲台。板橋林家在板橋宅第內也有多座戲台。

另一方面，布袋戲演戲時會使用一種稱為「戲棚」的表演舞台。戲棚是一座以木雕刻成，有樑柱、屋頂、門窗、斗栱、吊筒等，雕刻精美宛如傳統建築的微縮模型，布偶在戲棚內演出，觀眾將更容易融入劇情。必要時，還可以拿出小型桌椅等道具，讓戲偶坐下來。演布袋戲時，戲棚往往會搭建在戲台上，並在戲棚兩側安裝屏風，遮住後台。後台是配置樂隊和師傅操縱戲偶的地方，裝道具的戲籠也放在此。

在清代，郊商是戲曲重要支持者。早期戲曲都是在戶外演出，稱為「外台戲」，由出資者請來，觀眾是免費觀賞的。到了日治時期開始出現專業劇場，觀眾必須買門票看戲，於是亂彈戲和布袋戲逐漸轉入室內，稱為「內台戲」。

戲曲界也有專門奉祀的神明，如西秦王爺、田都

元帥、唐明皇等。清代艋舺有供奉田都元帥的「紫來宮」，位在艋舺龍山寺旁，還有供奉西秦王爺的西秦古廟。戲曲神的信眾不只是戲班，藝妓往往因為習曲而成為信徒。據日治時期的紀錄，在艋舺西秦王爺壽誕時，曾有藝妓裝扮八美圖、七賢過關等，為西秦王爺慶壽。

布袋戲演出

台灣第一豪族：板橋林家

咸豐五年（一八五五），位於台北盆地西側的板橋地區，蓋起了一座大型城堡，裡頭有兩座巨大的宅第、一座書院和一座全台灣最大的私人花園。這幾座住宅花園為板橋林本源家族所有，他們是清代台灣第一豪族。

板橋林家的祖先林應寅來自福建漳州。第二代林平侯經營米業起家，後開墾台北、桃園、宜蘭地區的土地而致富，又經營樟腦、鹽業等，並曾到廣西任官。第三代林國華、林國芳仍經營土地開墾。第四代林維源則經營茶葉生意，並與劉銘傳在台灣的新政有很深的關係，曾經擔任勸番、輔墾、清丈土地等工作，並出資捐建台北城。光緒二十年（一八九四）甲午戰爭爆發時，林維源還受命督辦全台團防大臣，活躍於政商兩界。據一九○一年的紀錄，板橋林家的財產高達三百一十二萬，當時台灣第二豪族霧峰林家的財產為一百萬，可見板橋林家的富有。

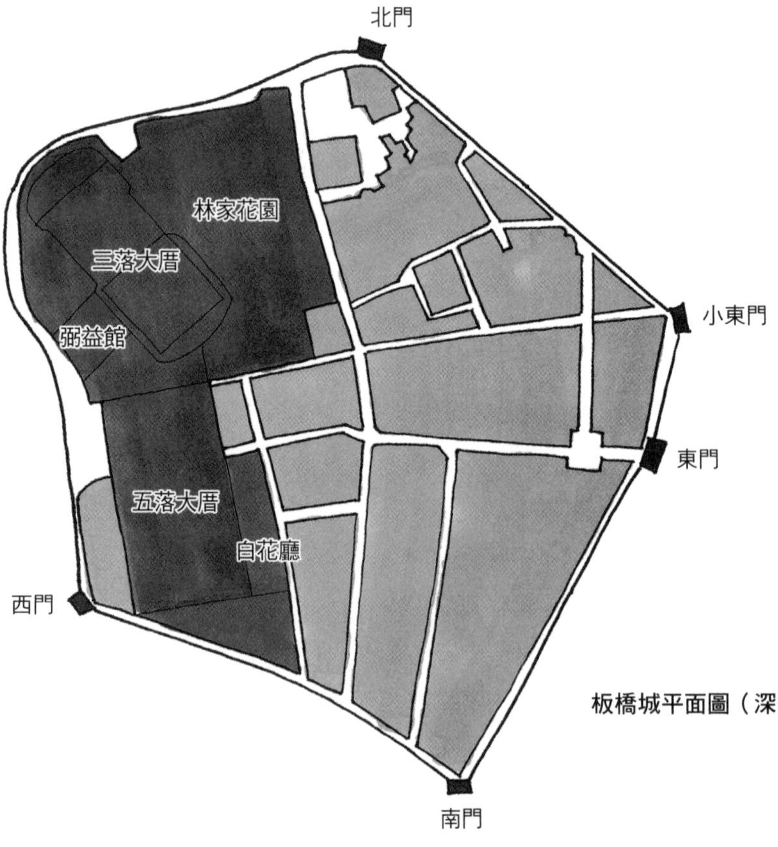

板橋城平面圖（深色為板橋林家範圍）

林家起初住在新莊地區，後來因為漳泉械鬥的關係，遷到大漢溪上游的大溪發展，並於道光四年（一八二四）在大溪建造了一座土堡，裡頭有林家的住宅和倉庫。咸豐三年（一八五三），林家遷居板橋，蓋起三落大厝，宅第內部極為寬敞，表現出大戶人家的氣派，牆壁以精美的紅磚拼組而成，護龍前方有寬闊的走廊及中庭，宅第前方還有二十二間倉庫，用以收租並放置穀物。

在三落大厝旁，林家又建造了林家花園。在這座占地廣大的花園內，有一座四合院「定靜堂」、兩座樓閣「來青閣」與「觀稼樓」、一座書屋、一座大池、三座小池、兩座戲台及許多不同造型的涼亭，甚至有花圃、孔雀籠等設施。園內不但有許多假山、迴廊環繞，建築風華、山水景色皆備，假山內還有山洞可以遊走其中，亦可攀登觀景。林家花園是一處休閒聚會、看戲、讀書、招待貴賓的花園。

林家花園的建造自同治光緒年間開始，經過多年興築，終於在光緒二十年（一八九四），在第四代林維源手中完成。板橋林家到了林維源時，不但富甲全台，還和蘇州留園的盛宣懷交好，兩方結成親家。私家花園的經營可說是當時富紳共同的文化品味。林家花園不論是材料還是風格，都融合了台灣建築的細部特徵與審美觀，花窗設計獨到，假山的規模、種類則前所未見，可說是台灣園林史上非常有代表性的作品。

除此之外，花園旁還有一座大觀義學和五落大厝。義學是同治十二年（一八七三）由林家與地方人士共同捐建。五落大厝興建於光緒四年（一八七八），又稱新大厝，由林維源主導建造。五落大厝雖不若三落大厝精雕細琢，卻以規模宏大取勝。五落大厝旁邊還有白花廳，是林家接待客人用的客廳，前方兩進則是帶穿廊的工字廳，接著是戲台，最後一進是花廳，花廳後方設有走廊可直通花園。

另有一棟弼益館位於三落大厝旁，是林家的租館，用來放置帳房收來的穀物。

進入日治時期以後，林家花園曾舉辦過園遊會、文人詩會等活動，連日本總督兒玉源太郎都曾到林家花園參觀。林家花園還是一九三五年台灣博覽會的展覽會場之一。

林家花園在戰後荒廢了數十年之久，不但變成上千人居住的大雜院，而且損毀嚴重。一九七〇年林家將花

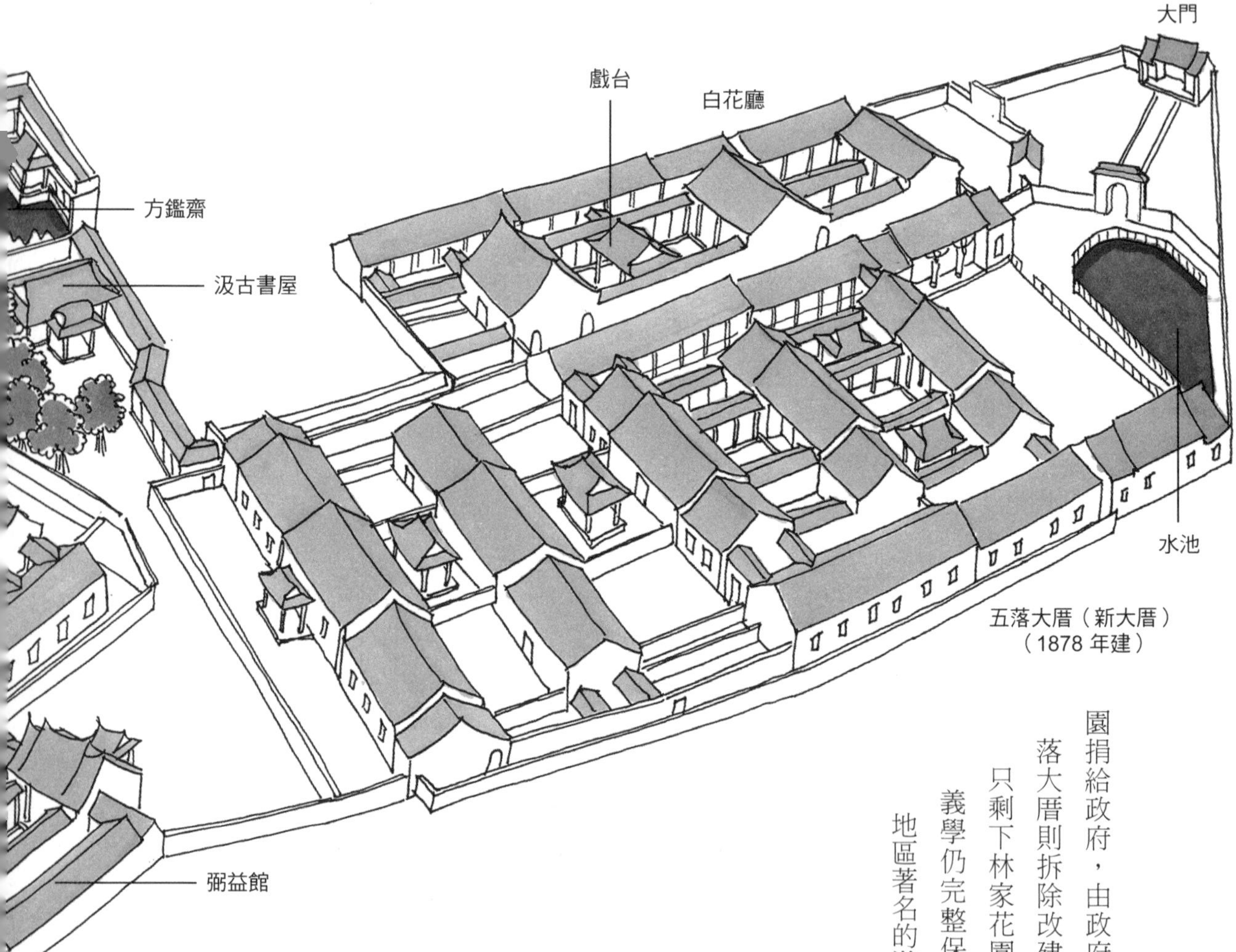

園捐給政府，由政府出資修復花園，五落大厝則拆除改建為住宅大樓，如今只剩下林家花園、三落大厝與大觀義學仍完整保存下來，成為板橋地區著名的遊覽勝地。

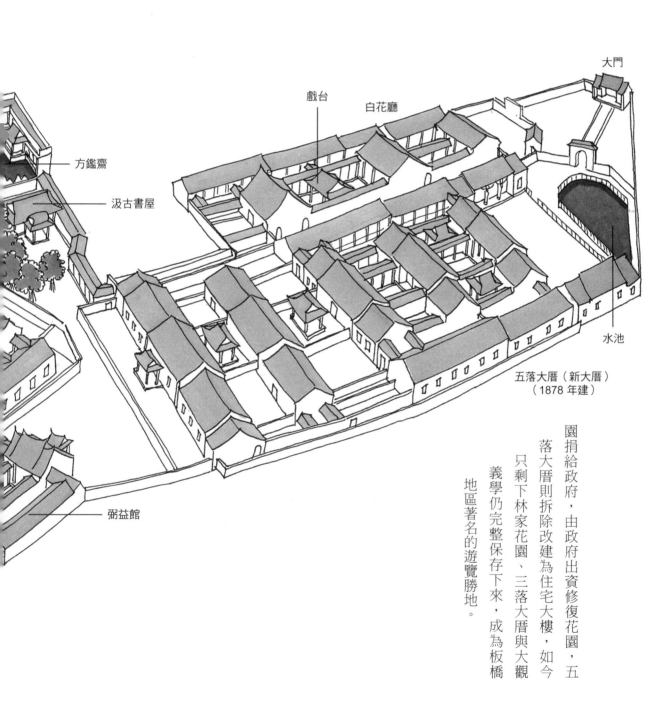

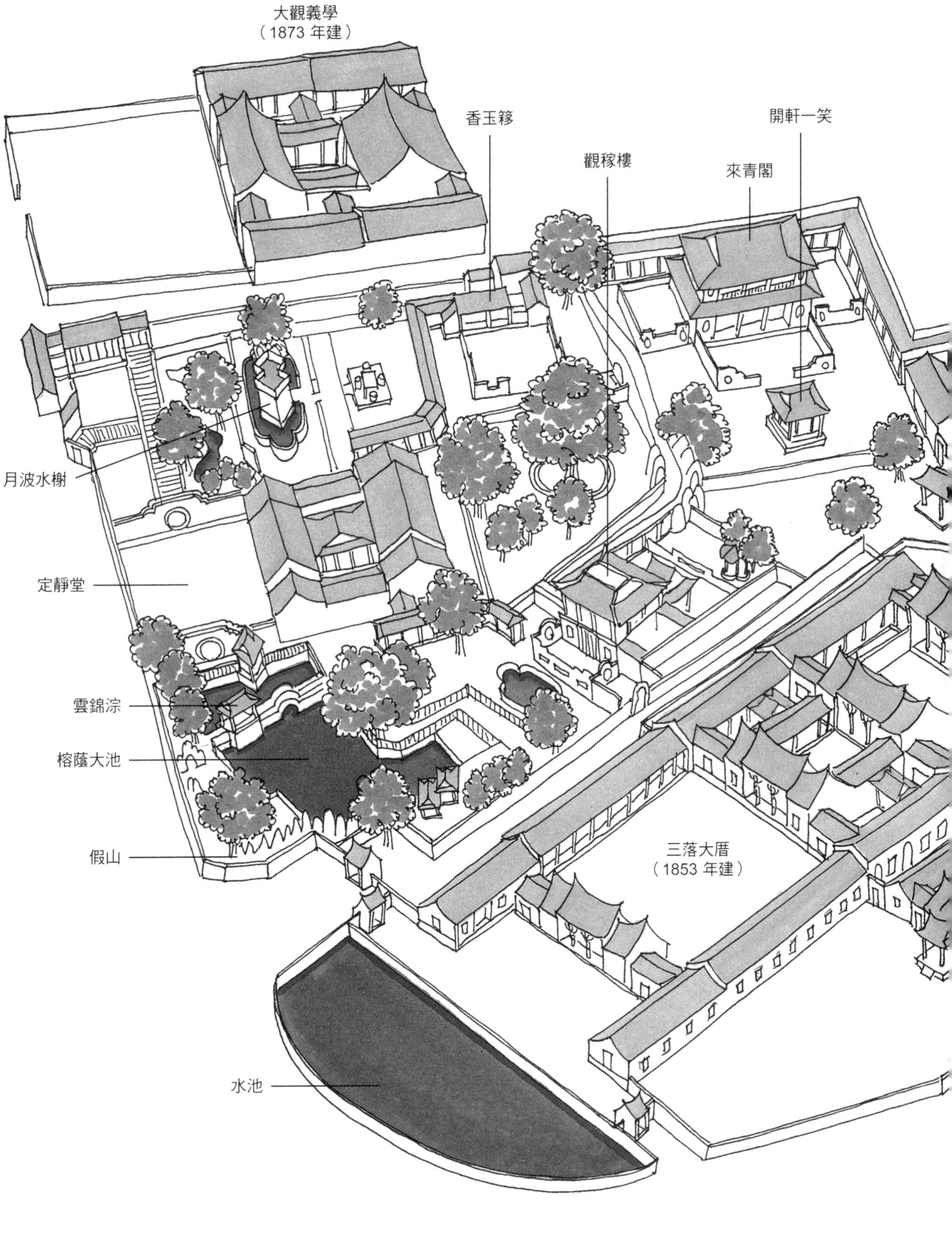
大觀義學
（1873 年建）
香玉簃
開軒一笑
觀稼樓
來青閣
月波水榭
定靜堂
雲錦淙
榕蔭大池
假山
三落大厝
（1853 年建）
水池

台北設府、建省與軍事建設

明清兩朝，對於台灣都不甚重視。一六二四年，明朝雖然派兵將荷蘭人逐出澎湖，卻任由荷蘭人占領台灣。清朝剛領有台灣時，也一度有放棄的議論，後來雖將台灣納入版圖，卻採取消極的治理政策。比如將台民遷回福建、廣東本籍；發布渡台禁令，來台須經批准，且不許帶家眷；實施班兵制度，不許台灣本地人從軍，軍隊由福建省調派，三年輪調一次。

除此之外，清初還不許築城，以防止台民叛亂，據城抵抗。但如此一來，一旦發生兵變，駐台官兵也無險可守。使得早期鳳山、諸羅兩縣的官員不敢前往當地任職，改待在台南府城辦公。而康熙六十年（一七二一）的朱一貴叛亂，更是在十餘天內就攻陷台南府城，官員只得逃往澎湖。此後，清廷才同意在台灣築城，但僅限於簡單的木柵或竹城。直到乾隆年間的林爽文叛亂之後，也就是清廷將台灣納入版圖一百年以後，才真正開始建造磚石城。此外，清廷對於原住民只消極畫定「漢番界線」的作法，也使得清代有效統治的範圍，僅及平原區的漢人與平埔族聚落，山地的高山族仍屬於化外之地。

即使到了同治元年（一八六二）淡水開港通商，清廷仍不了解台灣的戰略地位，反倒是西方列強對台灣一向興趣濃厚。早在道光二十一年（一八四一），英國艦隊就曾經試圖占領基隆港，但沒有成功。咸豐四年（一八五四），美國東洋艦隊到基隆港停靠，藉口搜尋失蹤水兵，調查基隆煤礦，艦隊長官培里回國之後，就主張占

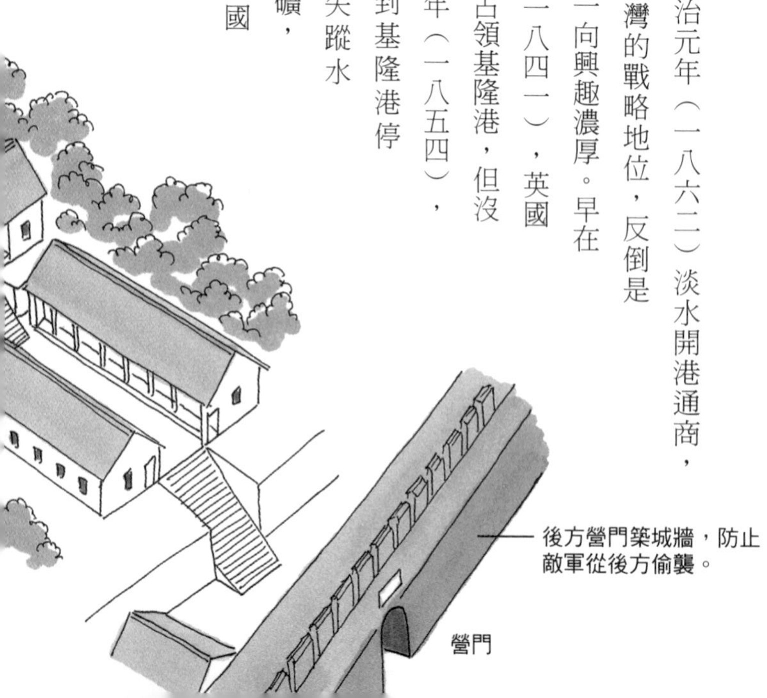

基隆社寮砲台（一八八六年建）

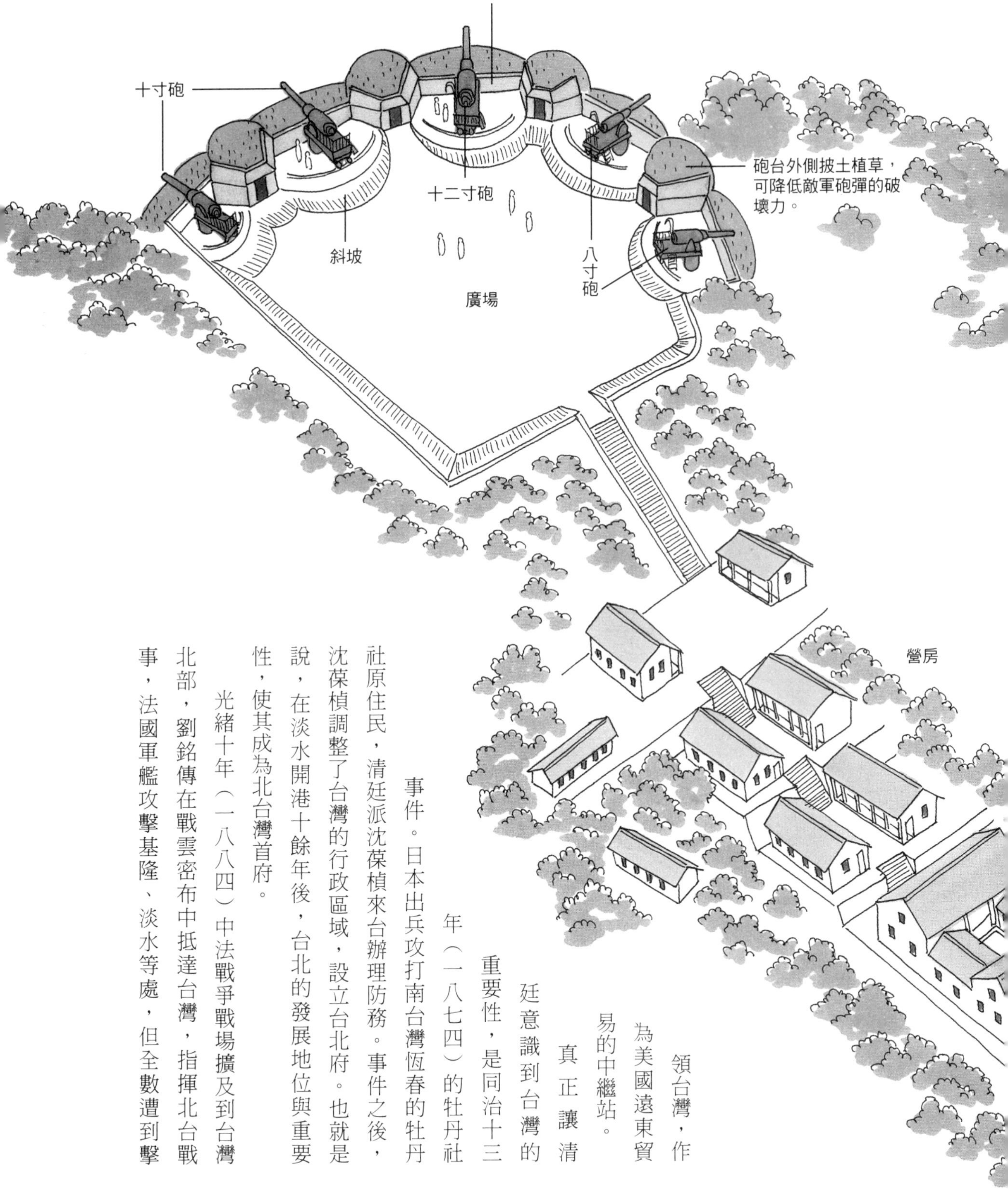

領台灣，作為美國遠東貿易的中繼站。

真正讓清廷意識到台灣的重要性，是同治十三年（一八七四）的牡丹社事件。日本出兵攻打南台灣恆春的牡丹社原住民，清廷派沈葆楨來台辦理防務。事件之後，沈葆楨調整了台灣的行政區域，設立台北府。也就是說，在淡水開港十餘年後，台北的發展地位與重要性，使其成為北台灣首府。

光緒十年（一八八四）中法戰爭戰場擴及到台灣北部，劉銘傳在戰雲密布中抵達台灣，指揮北台戰事，法國軍艦攻擊基隆、淡水等處，但全數遭到擊退。中法戰爭一事加速了清廷對台灣的建設，隔年，中法戰爭結束後，劉銘傳被任命為台灣巡撫，台灣正式建省，而已是北台灣重鎮的台北府，則成為劉銘傳治台的實際政治中樞。

有感於台灣不能自製槍彈，孤懸海外，戰時補給困難，不利作戰，劉銘傳首先在台北設立機器局，主要功能是製造彈藥。機器局位在台北城外西北側，面積非常大。有廠房與房屋一百一十七間，內有製造砲彈的機械場、汽爐房、打鐵房等。這項建設先後聘請英國人和德國人監督，因此在廠內設有洋人住宅區。劉銘傳同時在台北城內設置軍械所，完成了台北現代化兵工廠的建設。

基於中法戰爭的教訓，在台北的防務上，劉銘傳整修基隆、淡水兩地砲台。淡水的兩座新式砲台「北門鎖鑰」和「保固東瀛」位於淡水河口，其中保固東瀛在水岸邊，北門鎖鑰在後方高地上。北門鎖鑰砲台建於光緒十二年（一八八六），聘請德國人設計，砲台為方形，表面以進口鐵水泥包覆，砲台內部有藏兵洞與彈藥庫等，都以磚拱卷築成，非常堅固。砲台四周還有壕溝、土堆等掩體。砲台使用的火砲全數採購來自英國的阿姆斯壯大砲，並於光緒十六年（一八九〇）安裝完成。北門鎖鑰因為沒有遭遇過戰火，也沒有被改建過，如今仍完整地保存著，是清末北部砲台的重要遺存。

另外，位在基隆和平島上的社寮砲台，如今雖已不復舊觀，卻有比較完整的資料可供復原。整座砲台分為砲台與兵營兩部分，砲台位在山頂上，視野良好，兵營則位在後方山腰的凹地內，緊密地排列著許多營房。整座砲台的設計是因地制宜，和地形緊密結合。在營區的最低處有一座傳統城牆形式的營門。當時洋人自海上進攻砲台時，經常在正面以軍艦砲轟，另派遣部隊登陸，由後方偷襲砲台，因此把軍營和大門設在砲台後方，可防偷襲，我們從社寮砲台的整體規畫中，就可以看出這樣的設計概念。

砲台上有五個砲座，呈扇形分布，每個砲座間設有一個碉堡，面對外側的牆壁表面鋪土並植草，減低敵人砲彈擊中時的破壞力。面對內側的牆壁則用石材疊砌，砲座後方有一座大操場。

整體而言，社寮砲台的設計思想和現存的基隆二沙灣砲台十分相似，按照地形將砲台、軍營分開設置，是其最大特色。

高雄旗后砲台，一八七五年建

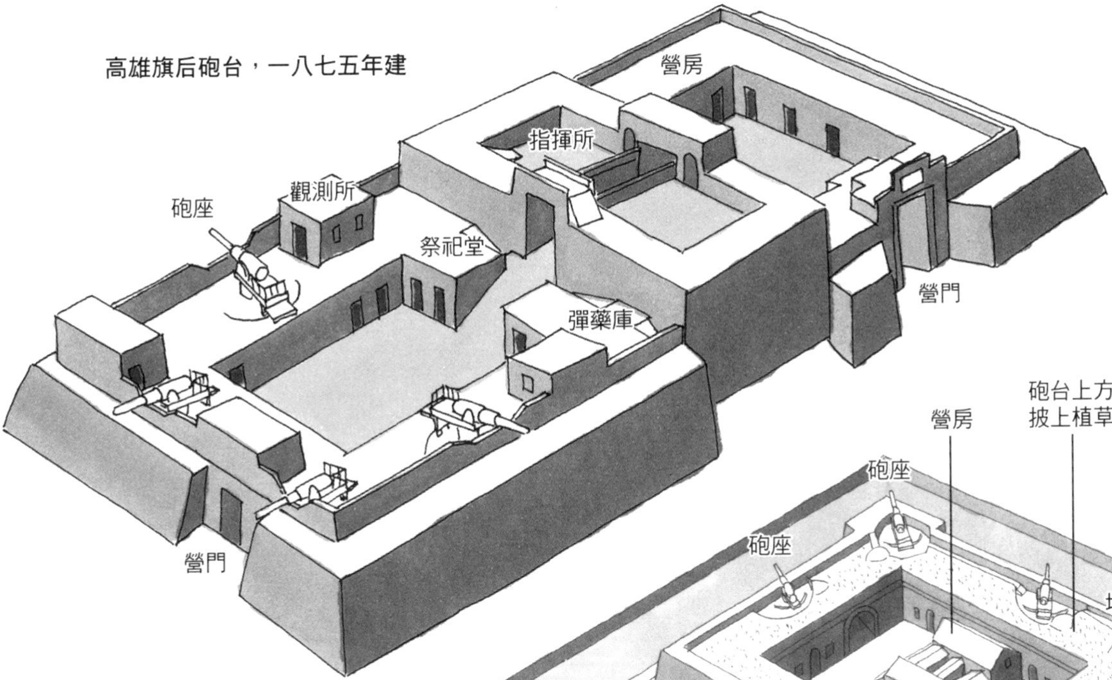

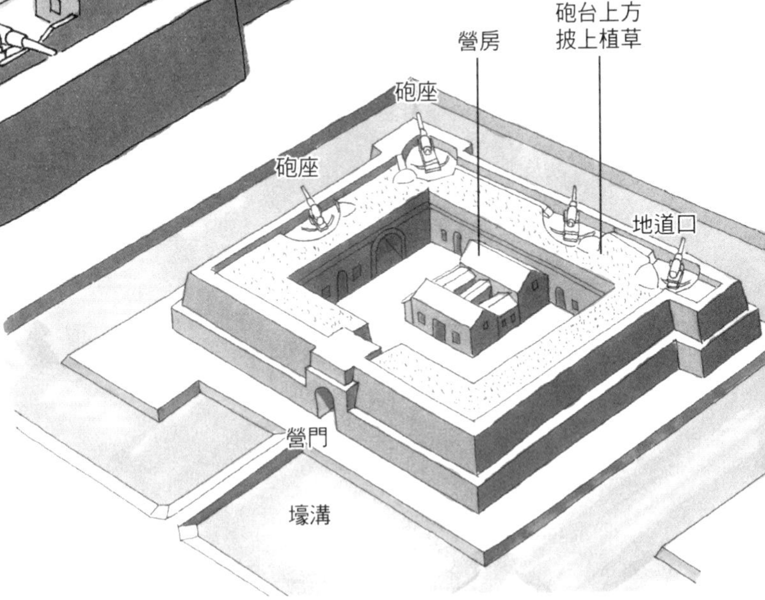

淡水砲台（北門鎖鑰），一八八六年建

基隆社寮砲台操砲想像圖

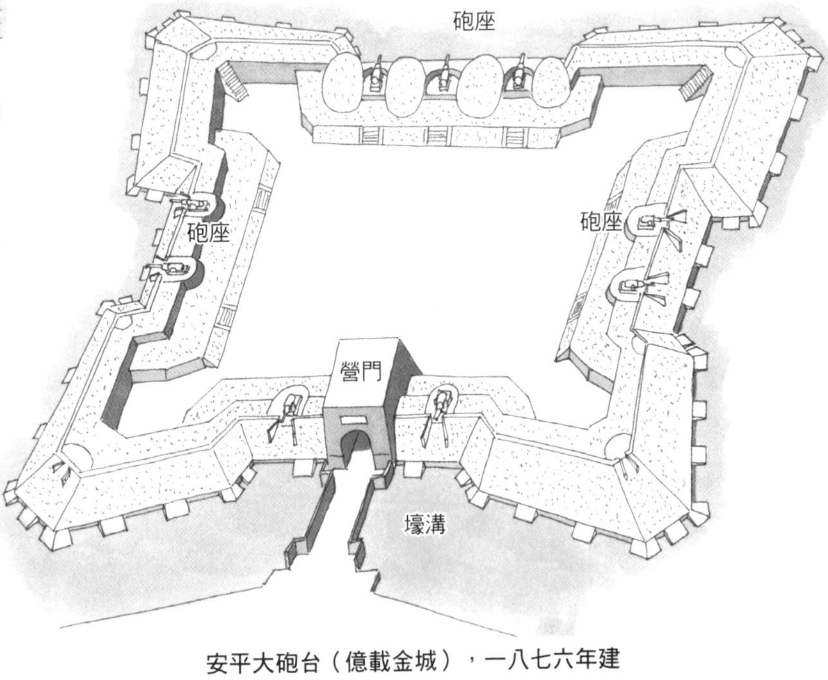

安平大砲台（億載金城），一八七六年建

台北城的規畫與建造

台北雖然在光緒元年（一八七五）設府，成為北台灣政治中心，但並沒有城牆與府衙建築，官員仍在竹塹廳（今新竹）辦公。直到光緒五年（一八七九）年初，台北知府陳星聚才在艋舺與大稻埕之間的沼澤地東側，畫定了台北城的城牆範圍與街道格局。

應說明的是，這樣子的城池規畫順序，也就是先興築城牆，然後再發展街市，與台灣素來「先有街市而後築城」的慣例並不相同，卻也因此讓台北得以成為一座方正完整的城池。對於城牆內的街道建築，陳星聚發布告示，規定每座街屋寬一丈八尺，進深二十四丈，是為台北城內街屋興建的重要依據。他也在城牆位址上種植竹子，讓土壤結實，以便日後能夠承受城牆的重量。

不料，台北城的城牆位置後來被台灣道劉璈更改了。劉璈對風水堪輿素有研究，之前已經規畫了台灣南部的恆春城。他將台北城的城牆軸線，由原先規畫的「對準北極星」，改為「對準七星山」（台北北方大屯山系的主峰）。劉璈的修正使得建城經費多出了整整二萬兩，也使得台北城內的街道方位和城牆方位不相同，成為台北城規畫上的特別之處。

光緒七年（一八八一），台北城開始籌建，隔年三月開工，並於光緒十年（一八八四）十二月完工，費時兩年十個月，花費四十二萬兩。城牆所用的安山岩石條，開採自台北東北方的內湖地區，再由船運到工地。城牆周長約一千五百丈，相當於四・五公里。

台北城共開五個城門。北門靠近城的西北角，此處離大稻埕較近，或許是北門選址的原因之一。西門外可通往艋舺地區，東門外則為田地。南邊比較特別，設了兩座城門，南門與小南門。據說小南門是為了方便通往台北西南方的板橋林家而設。

在這五個城門中，只有北門與東門設有甕城，也就

一八九五年日本人測繪台北三市街

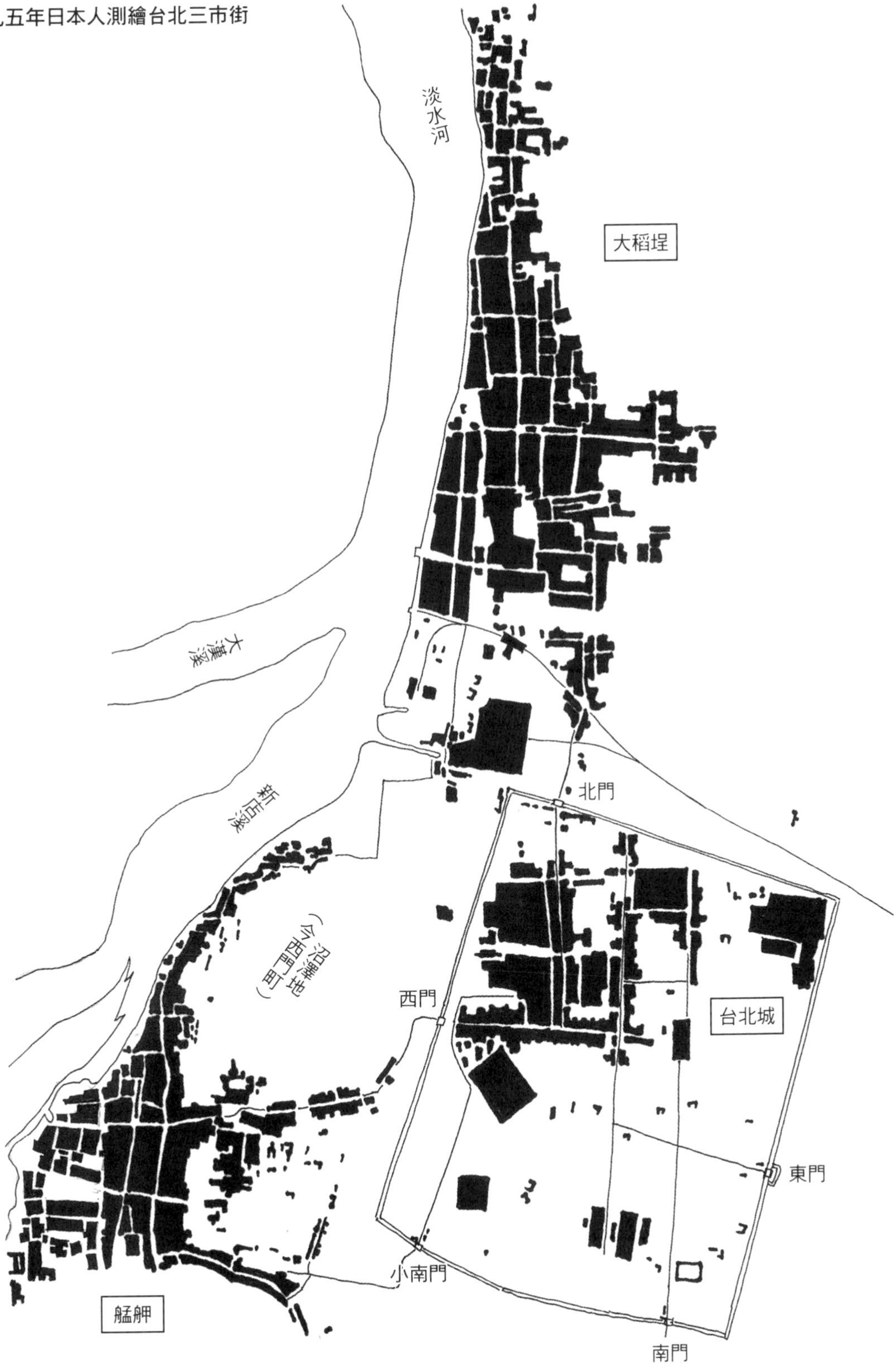

是城門外還有一圈城牆和外城門，而且主城門和外城門的位置不在一條軸線上，防止敵軍破門後直接衝進主城門。東門的甕城形狀為半圓形，北門甕城為方形。

台北城的城門樓設計頗為特殊，採用方形平面、外觀為封閉的實牆，有如堡壘一般。這種構造比較能夠抵擋新式火砲的攻擊，可說是因應當時戰爭形態所作的改良設計。城門樓的屋頂則採用傳統的歇山頂。其中唯一的例外是小南門，採用傳統作法，樑柱外露，在五個城門中顯得特別輕盈秀麗。

台北城的四個角落設置了角樓，具有防禦、儲藏、休息等功用。另外還在適當地點，建造凸出城牆的馬面，可作砲台，增加城池防禦能力。城牆的構造則是先將木條插入地底，以穩定基礎，再以長形石條層疊而起，每一層石條呈垂直交錯。城牆高度約三‧四公尺，頂端馬道的寬度約五公尺。面向城牆外的一邊設置雉碟，雉碟的高度幾乎和一個人等高。城門樓與城牆交接處設有階梯，由此進出城門樓。

台北城是在中法戰爭的砲火下建造完成的，在戰爭中也成為劉銘傳坐鎮指揮的中心。劉銘傳任台灣巡撫的五年半時間，在台灣展開近代化建設，重心幾乎全放在台北城，為了建設台北城內的商店街，他從上海、蘇州、浙江等地募集資金五萬元，成立興市公司，在城內建造了石坊街、西門街以及新起街。

相當重視街道建設的劉銘傳，除了在台北城內的主要街道裝設路燈，並設立清道局，監督居民維持街道乾淨，還引進了滾路機，以利道路整修。劉銘傳也從上海引進了一百五十輛的人力車，往來於台北城、艋舺、大稻埕之間，並延請日本人在城內開鑿深水井，以供居民取用。在劉銘傳的建設下，台北地區呈現出一片近代化風貌。

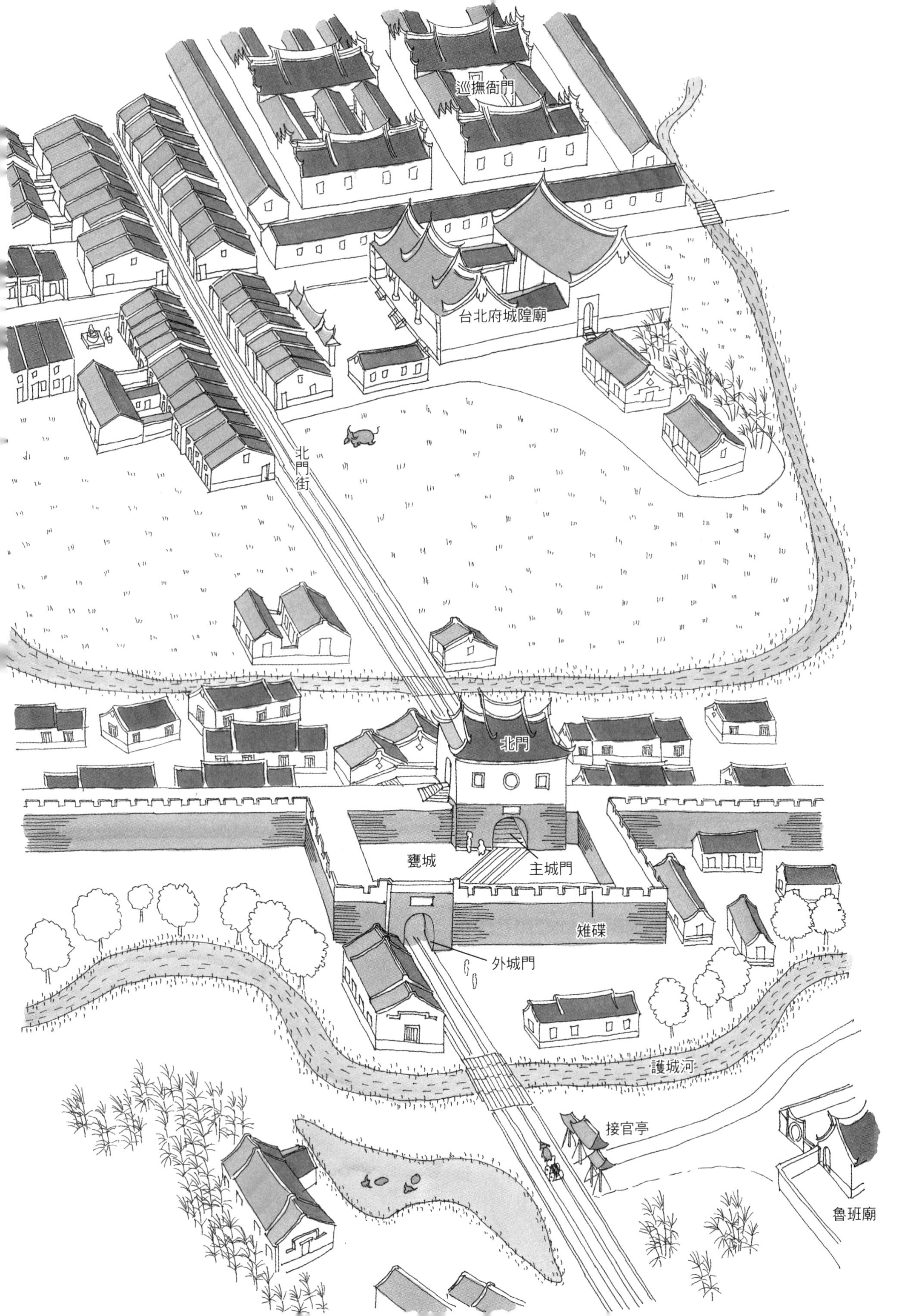
巡撫衙門
台北府城隍廟
北門街
北門
甕城
主城門
雉碟
外城門
護城河
接官亭
魯班廟

建設鐵路

台灣第一條鐵路，是光緒三年（一八七七）丁日昌任內，在基隆建造的運煤鐵路，長十公里，於英國稅務司霍生的協助下完成。與此同時，丁日昌鑒於台灣的防務，奏請將上海拆除吳淞鐵路的材料運來台灣建造鐵路，但此事後來並未成功。

劉銘傳來台後，將建設台灣的重心放在北部，又著眼於防務運輸，建鐵路有其必要性，因此建造了自基隆到台北間二十八·六公里的鐵路。此條鐵路之後在邵友濂任內，於光緒十九年（一八九三）開通到新竹，

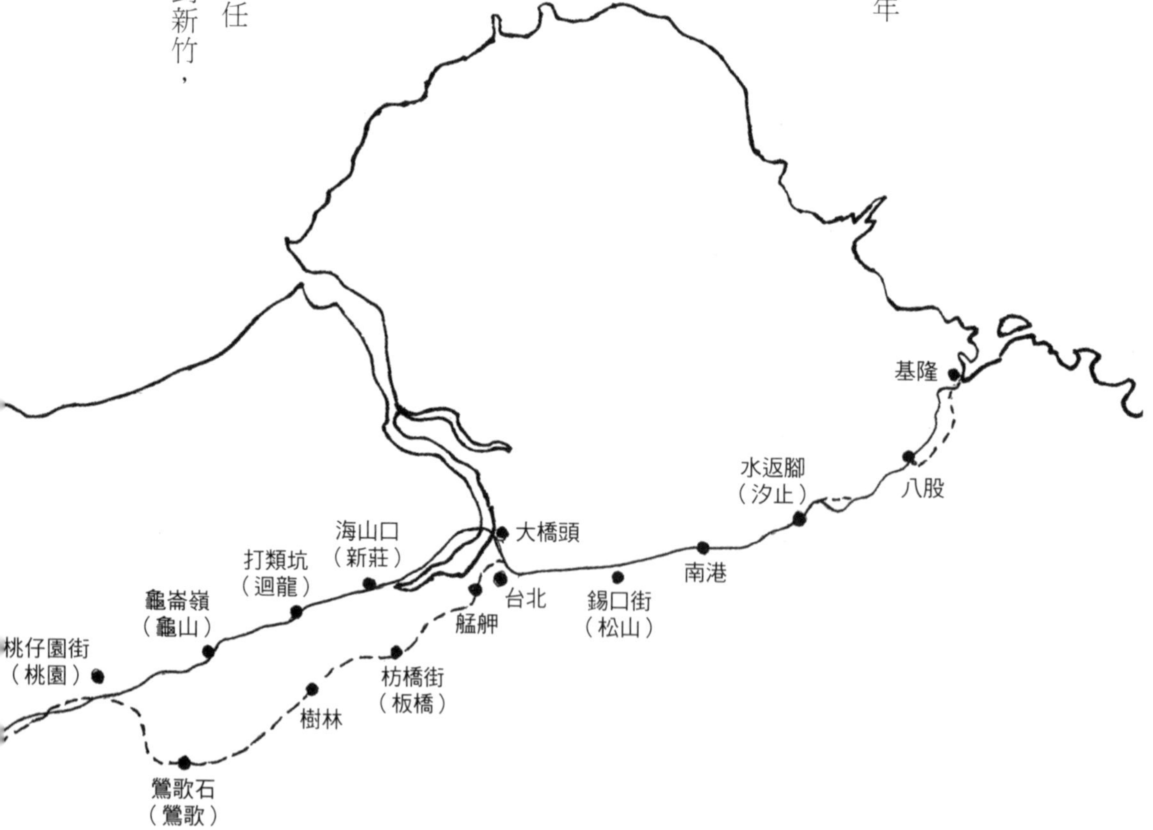

基隆到新竹間鐵道路線圖
—— 實線：清代路線
- - - - 虛線：日治路線

總長度累積到七十八公里，前後共費時六年五個月，總工程費高達一百二十九萬兩。

鐵路是耗費巨大的建設，不但得聘請外國技師規畫路線，購買外國鐵軌、火車頭與相關設備，還要建造車站與維修工廠，遇山挖洞、遇水造橋。劉銘傳興建這條鐵路之初，原本採用「官辦商資」（商人投資、官方建造）的方式建造，但後來預算超支，商資紛紛撤走，劉銘傳只好挪用原本要建造台中省城的經費來建鐵路。儘管這條鐵路建成之後不到幾年，台灣就割讓給日本了，因此沒有發揮很大的功能，但卻是台灣第一條大型鐵路，也是當今縱貫線的前身，具有莫大的象徵意義。

這條鐵路採用的是窄軌系統，鐵軌由英商怡和洋行、德商泰來洋行和山打士洋行承辦。火車頭則向英、德兩國分別購買。前兩輛火車頭向德國霍亨索廠訂購，其中一輛騰雲號於光緒十三年（一八八七）建造，光緒十四年（一八八八）運抵台灣，是台灣第一輛火車頭，重約十六公噸，牽引力兩千三百公斤，時速三十五公里。之後又向英國訂購了六輛火車頭，總共八部，穿行於基隆與新竹之間。至於其他各種材料，軌道枕木由福建運來，或自台灣採集樟木、松木。鐵橋材料似乎多由英國購入，石材則以本地石材為主。

這條往來基隆與台北之間的鐵路，一路需經過許多山地，其中有一段獅球嶺隧道，至今仍然保存完好。獅球嶺隧道委託英國技師規畫，內部以天然岩壁、石拱頂、丁面、順面磚砌拱頂等四種不同的構造築成，並僱請兵勇與僱工建造。然而，隧道自兩頭開挖，到中間會合時，誤差居然高達四・三公尺之多，只好修改設計，最後總算於光緒十六年（一八九〇）完成，總長度兩百三十五公尺，共費時兩年半，成為早期鐵道工程的最好見證。

在橋樑方面，建造數量亦多，光是台北到基隆這一段，就建造了一百二十餘座橋樑。最著名的一座是西出台北火車票房（售票處）之後，橫跨淡水河的台

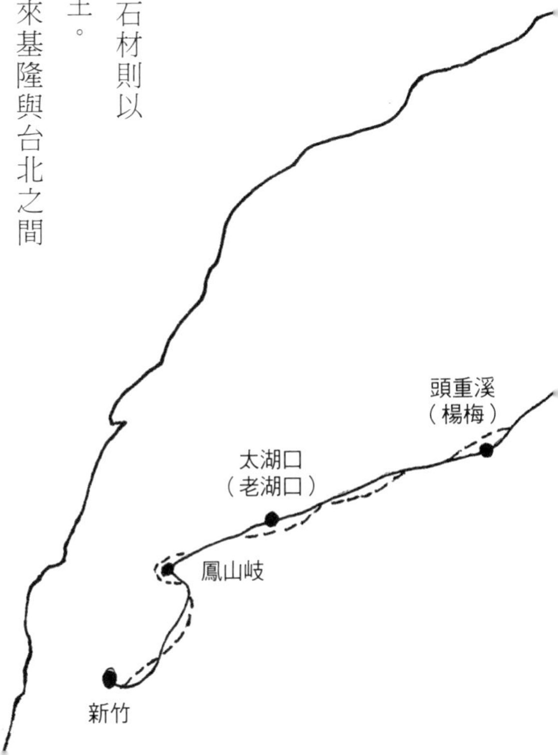

北大橋。這座大橋全長約一千五百英呎（四百五十七公尺），共有四十六個橋孔。原先規畫為鐵橋，但後來由於經費不足，改設計成木橋。台北大橋由廣東包商張家德承包，並以購自香港的紅檻木建造。以木結構承受載重量極大的火車，聽來有些不可思議，可是台北大橋確實在光緒十五年（一八八九）順利建成，除了供火車通行，亦可供人行走。橋的北端還設有另一座鐵橋，可拉起以供船隻通過。建造像台北大橋這樣多功能的大橋，在台灣近代史上是一大創舉。

基隆到新竹的鐵路在光緒十七年（一八九一）完工運行，即使當年的鐵路在運行時隨招即停，但全線仍建有十六處火車站，不過清代的車站並沒有月台，僅僅是一處停車的地方，旁邊則有「票房」作為售票處。而當時的台北火車站，就位在北門外與大稻埕鄰接之處，站址臨接大稻埕商業區南側，往東南方即近台北城北門，往西可通往淡水河邊的伐木局（製作鐵軌枕木的機構）。雖說是火車站，實際上卻是一處火車修理廠，外觀為兩

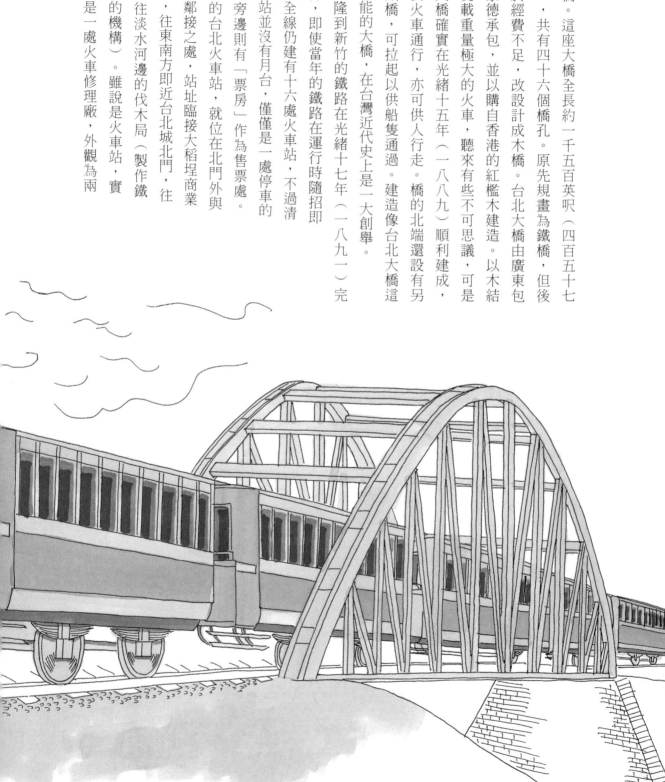

坡屋頂，內部則以鐵桁架作出大跨距的無柱室內空間。

日本領台之後，對於這條鐵路評價不高。主要問題出在路線規畫不良，坡度過大，鐵軌彎度也過大。而且車站沒有設置月台，無人管理，非常混亂。日本人在接收這條鐵路後重新規畫了路線，將台北火車站移到北門東北方，並將鐵道的路線改成沿著台北城西側南下，再轉往西過淡水河，成為我們今日所見的縱貫線鐵路，因此，劉銘傳建造的鐵路也隨之走入了歷史。

值得一提的是，台灣第一輛火車頭「騰雲號」仍然留存至今，並在一九八七和一九九九年經過兩次大整修，其中第二次整修取得德國原廠設計圖做為參考，復原程度可靠，現保存在台北二二八公園內。

騰雲號開過基隆河鐵橋

台北城內的衙署建築

台北成為台灣首府後，包括省、府、縣等行政機構都設置在台北城內。這些建築集中在城內西北側，連同四周的商業街市，大約占了台北城內四分之一的面積，規模很大。其中有省級單位如巡撫衙門、布政使司衙門，還有籌防局、善後局等特殊單位。也有地方層級的官署如台北府署、淡水縣署等。這塊以衙署建築為主的區域鄰接北門和西門，出北門可通大稻埕，出西門可達艋舺，可說是一處交通要地。在北門外還建有一座接官亭牌坊，是以往迎送官員的地方。

在這些林林總總的衙署建築中，較早建造的是台北府署，位置靠城北東側；巡撫衙門、布政使司衙門、淡水縣署等位於城北西側。西側這幾座衙署大多未臨大街，反而藏在北門街、西門街、府前街等商業街之後，似乎是為了增加商業街的面積而特意作成的規畫。

面積最大的官署是布政使司衙門。布政使掌管錢糧，巡撫則掌管軍事、行政，兩者同屬從二品官。布政使司衙門內設有吏戶禮兵刑工等六部，分別掌管人事、戶籍稅賦、教育、軍事、刑罰、建築營繕等。衙門最前方為照壁、東西轅門，接著是頭門、儀門、官廳、客廳。之後就是布政使眷屬以及師爺的居住區，裡頭有規模很大的花園和戲台。

由現存的欽差行台來看，清代衙署建築的特色是規模大，建築體量高，室內特別寬敞。但樑、柱的用料，卻又不如民間寺廟粗壯，內部裝修也很簡單。大片的支摘窗亦是衙署建築的主要造型特徵，沒有太多其他裝飾，可以看出是以實用為主的建築設計。

欽差行台的內部格局也有特色，主要廳堂皆以中央廊道相連。這種將前後兩座廳堂用中央走廊連接起來的格局，稱為「工字廳」，以往在尊貴的建築中才會採用，台灣僅有部分寺廟採用這種格局。

至於城內的巡撫衙門和軍械所、城外的機器局，則採用了封火山牆的手法建造。封火山牆是江南建築的特有風格，流行於浙江、江蘇、安徽等地。建築兩側層層疊起的山牆，具有防火的功效，造型上亦頗為搶眼，和台灣常見的燕尾脊很不相同。根據紀錄，機器局的建造工匠為大稻埕的匠師林景，他曾被派往上海的江南機器局參觀，可能是這個原因，使得他建造出來的台北機器局，也充滿了濃厚的江南建築風味。

由此可知，台灣建省和劉銘傳就任台灣巡撫，使台北城內興築起大批的衙署建築，並為台北城引入了新的建築風格。

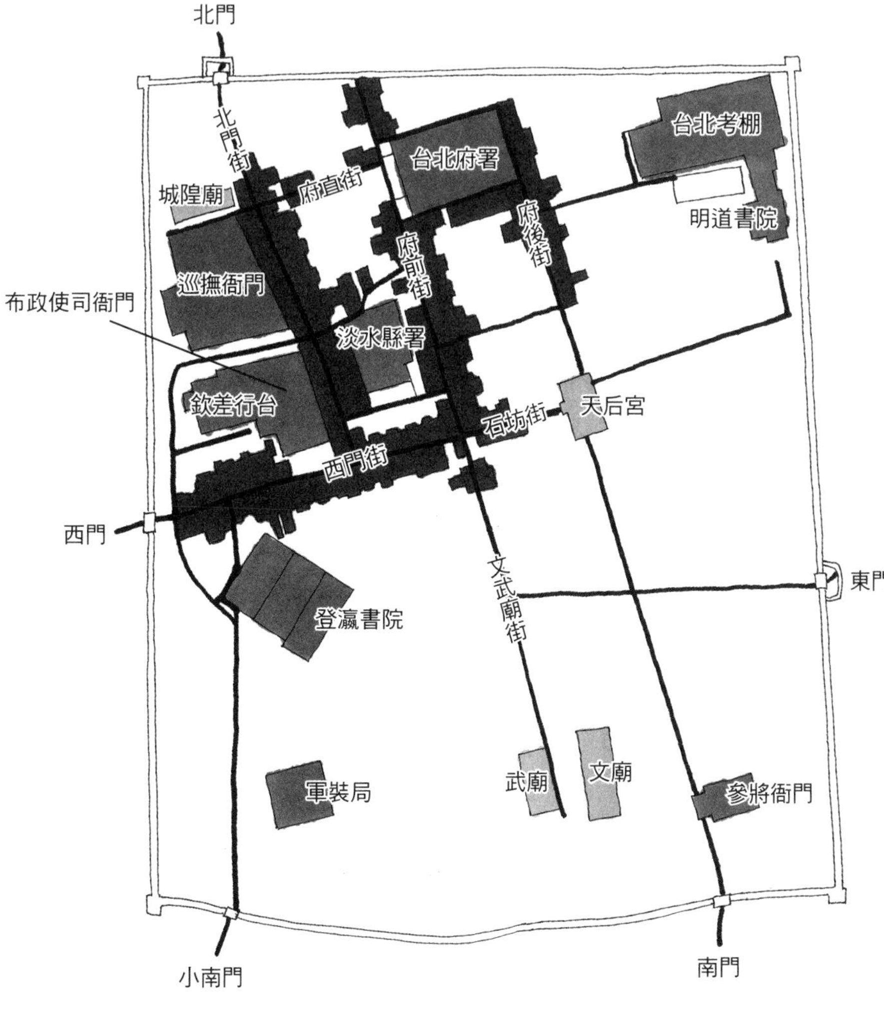

本圖據一八九五年「台北城、大稻埕、艋舺略圖」重繪
淺灰色：廟宇
中灰色：官府
深灰色：街屋

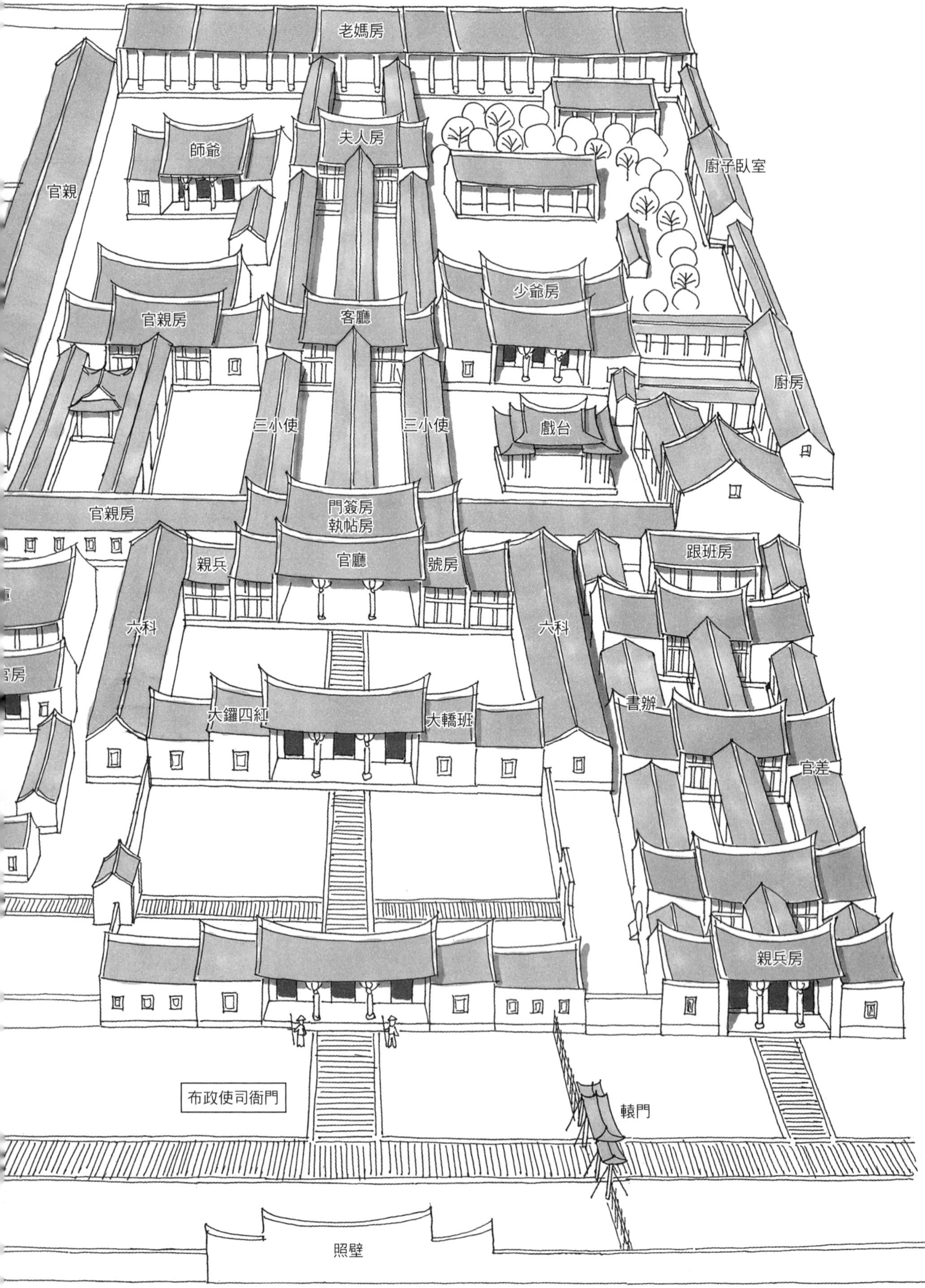
老媽房
師爺
官親
夫人房
廚子臥室
少爺房
官親房
客廳
廚房
三小使
三小使
戲台
官親房
門簽房
執帖房
跟班房
親兵
官廳
號房
六科
六科
書辦
大鑼四紅
大轎班
官差
親兵房
布政使司衙門
轅門
照壁

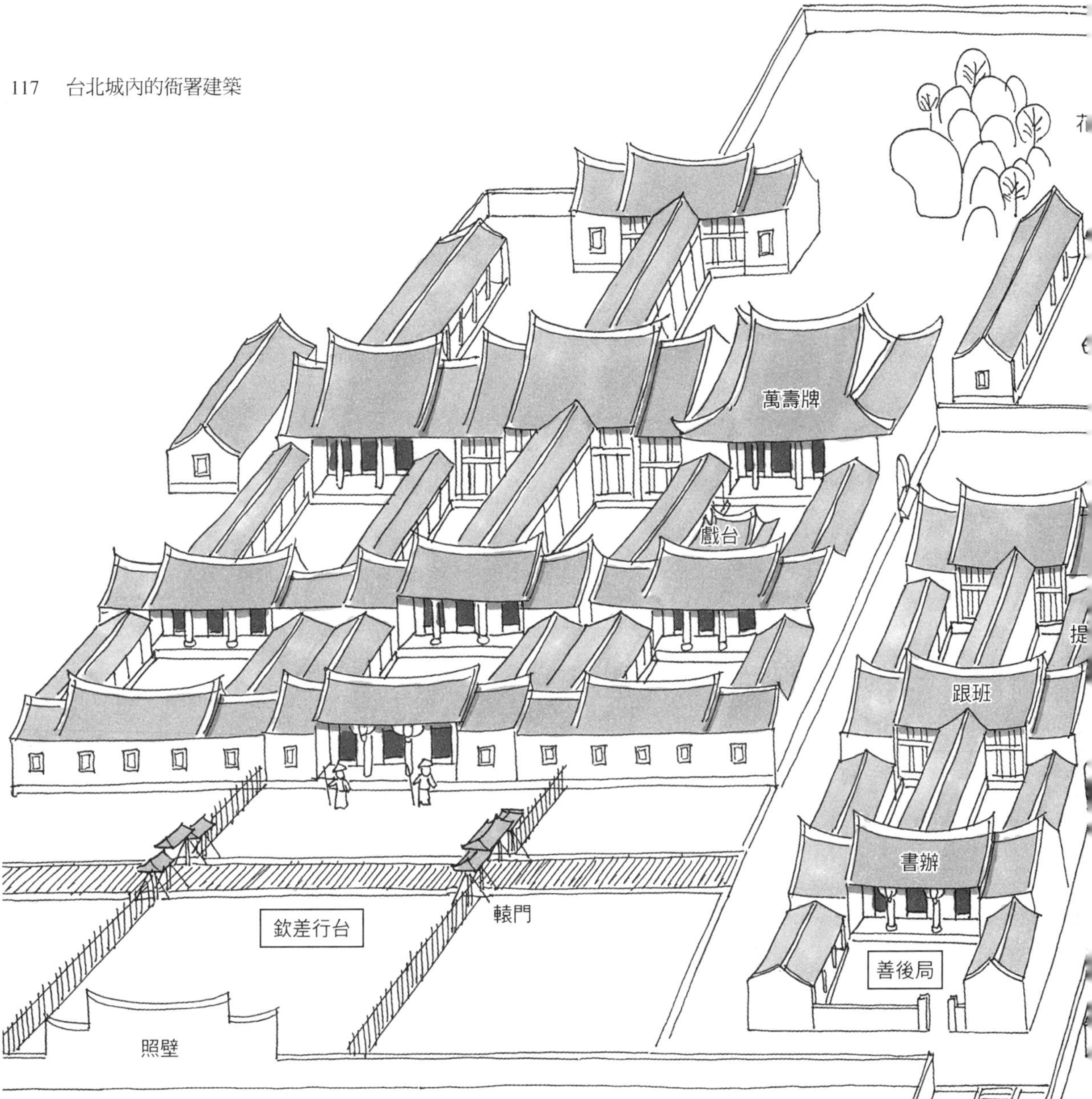

甲午戰敗後台灣割日，日本領台後台北城內的官署多半還很新穎，除了巡撫衙門在乙未割台時遭到較大破壞，其餘大多保存完好，因此分別成為日本統治台灣當局各單位的辦公處所。其中布政使司衙門和欽差行台作為總督府，使用長達二十餘年之久。後來，日本當局進行都市規畫要拆除衙門時，在日本學者的力爭下，將部分欽差行台遷移到現在的台北植物園內，是台灣現存唯一的清代衙署建築。

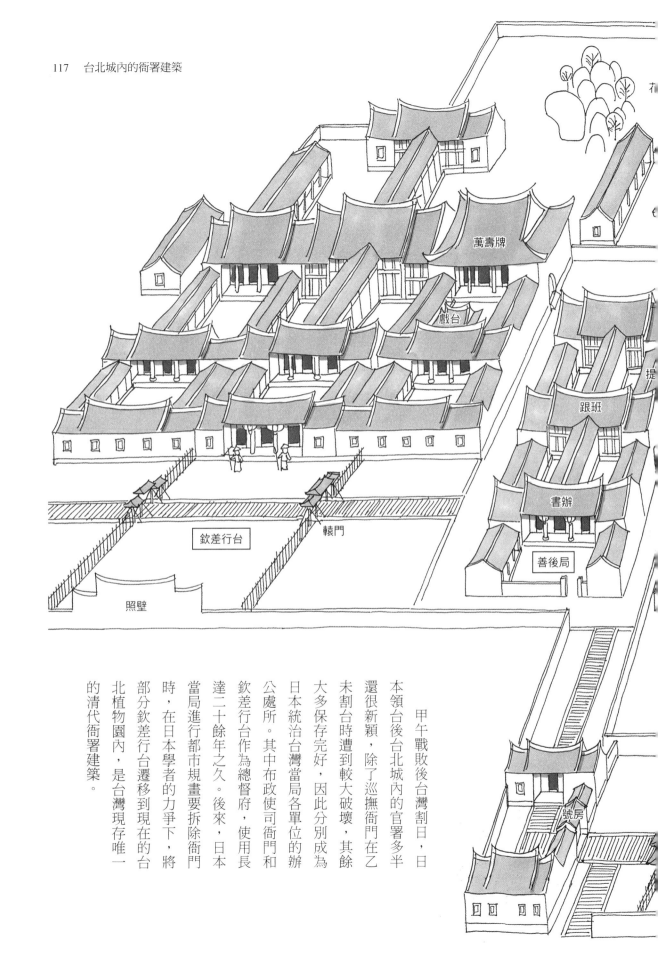

台北城內的教育建築

台北城內最早建起的官方教育設施是台北府文廟，時間約在光緒六年（一八八〇）。

文廟即儒學，也就是官學，負責主持科舉考試與文廟的春秋祭典，因此以往不論是縣、府，都必須設文廟。按照清代的科舉制度，童生首先在地方參加縣試、府試、院試，通過之後成為「生員」，也就是俗稱的「秀才」。秀才視成績高低進入府學或縣學，並參加歲試和科試，成績優秀者再赴省城參加鄉試，通過後成為舉人，才再赴北京參加會試、殿試等，最後成為進士。

台北府文廟的規模不小，共有三路建築：中路為文廟，有照壁、禮門義路、櫺星門、大成殿、崇聖祠等，其中的大成殿是一座獨立在中庭裡、四面帶走廊的大型殿堂。東路為府學，前後三進。西路為明倫堂，是生員上課的地方，前後四進。

台北府雖然於光緒元年（一八七五）就已設立，但因為沒有考棚，台北地區的考生必須遠赴台南府才能參加考試。光緒六年（一八八〇），艋舺商人洪騰雲在台北城內捐建了考棚，台北考生不必遠赴台南府即可應試。此一義舉經過劉銘傳請旨，於西門街立了一座「急公好義」牌坊來宣揚洪騰雲的善行。洪騰雲捐建的台北考棚規模相當大，中軸線上的建築由中央走廊連接起來，另外再分出走廊通往兩側考場，是為清代考棚建築常見的作法。

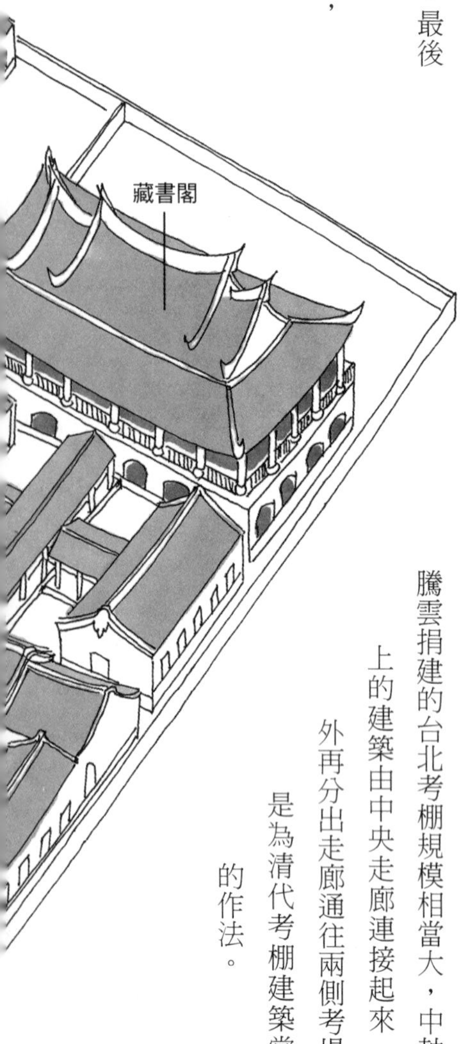

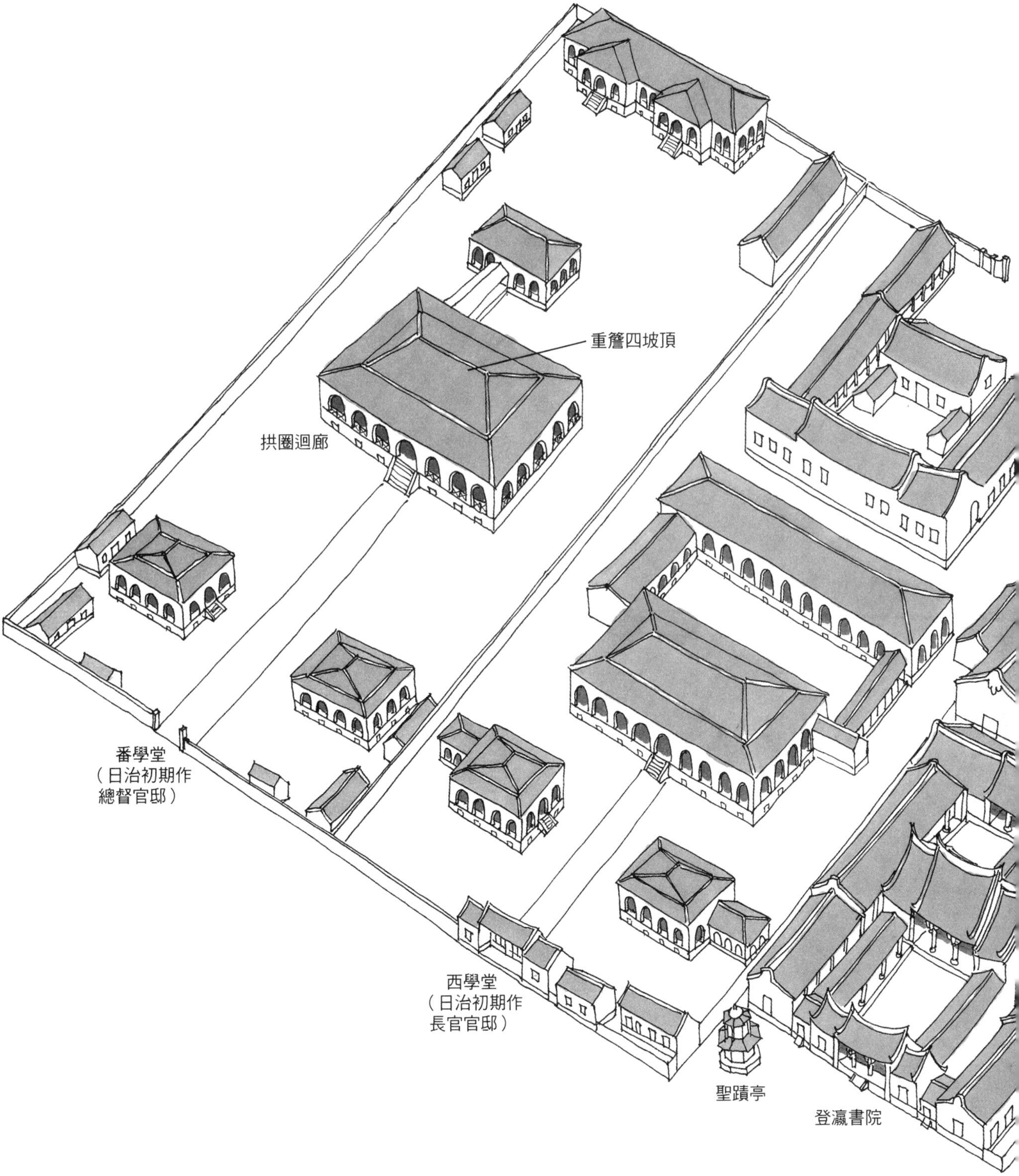
重簷四坡頂
拱圈迴廊
番學堂
（日治初期作
總督官邸）
西學堂
（日治初期作
長官官邸）
聖蹟亭
登瀛書院

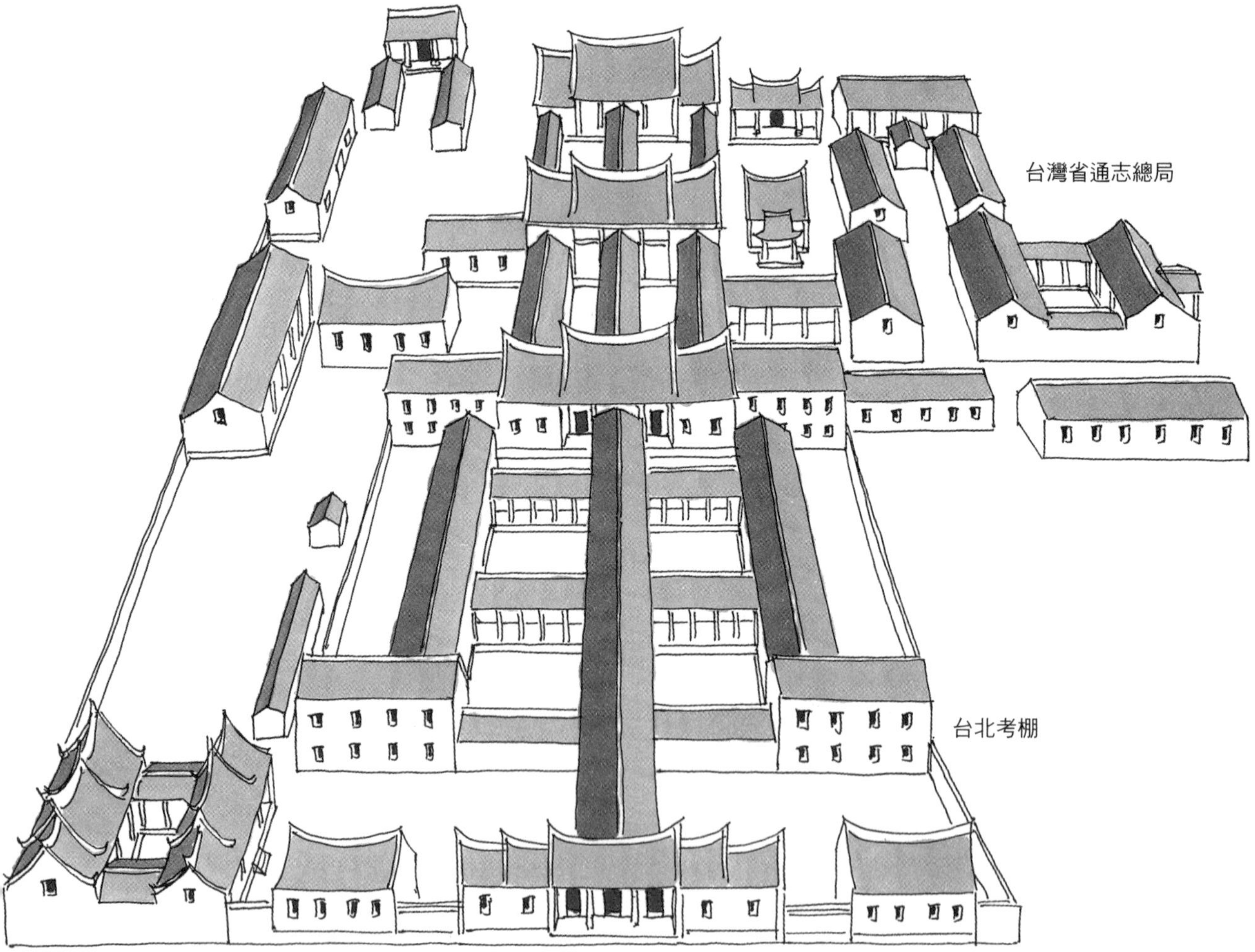

台北考棚想像復原圖

同年，台北知府陳星聚在考棚內設置了登瀛書院。登瀛書院是由官方建立的書院，屬知府管轄，並於光緒十七年（一八九一）在西門街南邊建造起規模宏大的建築，為書院新址。前後有四進，最後一進是規模很大的藏書閣，四周有迴廊，底層用了磚材或石材砌成的拱卷基座墊高，非常宏偉。這樣的設計應該是吸取了西方洋樓的特點，將之融入傳統建築而成，登瀛書院因此成為台灣建築中相當特殊的例子。

另外，在登瀛書院門口還有一座聖蹟亭，也就是惜字亭。古代傳說倉頡造字，因此文昌祠內都會供奉倉頡，古人對文字的敬重如此，寫有文字的紙張不能隨意丟棄，必須在惜字亭內焚燒，甚至還要選定日期，將灰燼送入溪流或大海中，稱為「送聖蹟」。

光緒十八年（一八九二），台北考棚內開設了台灣省通志總局，也就是修纂志書的單位，負責收集民間史料，編寫成書。可惜三年後台灣割日，完成的稿子都佚失了。通志總局內還收藏了上萬冊的圖書，是一座重要的文庫。光緒十九年（一八九三），當時的台灣巡撫邵友濂倡建明道書院，選址於台北考棚南邊，但這座書院歷史很短，成立不過兩年，台灣就割讓給日本了。

另一方面，劉銘傳擔任台灣巡撫時曾先後創立了西學堂與番學堂。西學堂是新式學校，除了教授經學漢文之外，也教授外文。番學堂則是配合開山撫番政策，針對原住民而設的教育機構，教育原住民讀書、寫字、學習漢語。西學堂與番學堂的主建築都採用了重簷四坡頂，四周帶有拱圈迴廊的樣式，材料則是紅磚，底層墊高並設有通風口，和當時西方人在台灣流行採用的陽台殖民地建築頗為相似，這樣的風格也很符合西學堂的教育宗旨。據說，劉銘傳是個喜愛西洋事物的人，這兩座學堂會設計成西洋式樣，亦可說是時代潮流下的產物。不過這兩座學校維持沒有幾年，就被接任的巡撫邵友濂裁撤，轉給別的機構使用。

光緒二十一年（一八九五）日本人進入台北城後，將文廟改為衛戍醫院（軍醫院），考棚作為軍營，並在登瀛書院設「淡水館」（俱樂部），三年後對外開放，是日治早期台北城內的公共聚會空間。番學堂和西學堂則分別作總督官邸與長官官邸。可惜隨著城內的規畫建設，這些建築逐一被拆毀，現在已經完全看不到了。

台北城內的祠廟建築

台北城內外的祠廟建築很多，有官建、民建之分。官方祠廟主要是祭祀之用，如社稷壇、先農壇、山川壇、厲壇，分別祭祀土地穀神、神農、風雲雷雨、無主孤魂。另外如文廟、武廟、城隍廟、天后宮也都是官廟。台灣納入清朝版圖後，康熙皇帝敕封媽祖為天后，並列入官方祀典，自此各府縣都建造天后宮。

城隍是城池的守護神，同時也是陰間的司法神，「賞善罰惡、理陰贊陽」，有教人為善的教化意義，廣為民眾所信奉，所以在城內必定要奉祀城隍。城隍廟還分省、府、縣等，各有不同等級。台北城北門內有一座府城隍廟，附淡水縣城隍廟，就是將府、縣城隍廟合併。建築坐西朝東，為兩進的中等規模。以往新官到任，必須在就任前三天，到城隍廟齋宿，稱為「宿三」，之後才到衙署就任。

武廟奉祀關聖帝君，因為其忠義的精神是官方所崇奉的，因此也列入官祀。武廟坐落在台北城內南方的文武廟街上，與文廟相鄰。一為前後三進的回字型格局，中央有一座獨立大殿。整體規模比文廟略小。

台北天后宮則是城內最重要，也是規模最大的廟宇。位置約略在台北城的中心點，且位在四條路的交會點上，往西可直通西門，往南直通南門，可見天后宮在都市規畫上有其特殊地位。天后宮建築前方有照壁及左右入口，主要建築共有三進。根據老照片所示，天后宮前後兩進都建成兩層樓高，這在清代台灣可是前所未見的廟宇規模。正殿前有寬闊的月台，前殿後方設有大型戲台，劉銘傳夫人與唐景崧母親壽誕時，都曾請福州戲班到天后宮唱戲，可見官方對天后宮的重視程度，非同

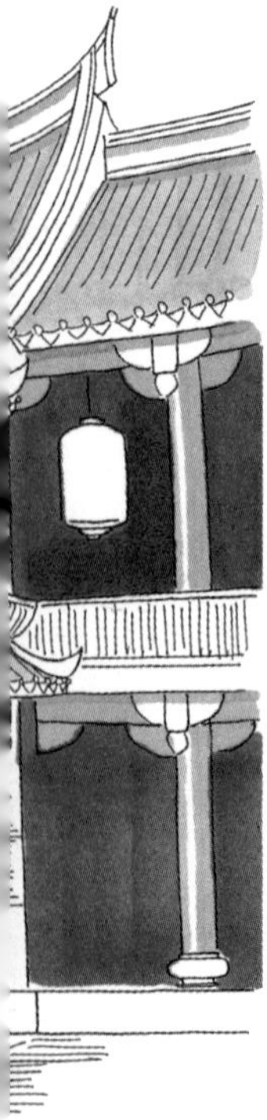

一般。

在台北城東門內，另設有一座節孝祠，祠前立節孝坊，是為了旌表孝子、貞女、節婦、烈婦等所設置的祠廟。

按照以往的規定，每個月初一、十五，府城的文武官員、地方仕紳、街庄總理等，都要到衙門覲見知府，有事可在堂上議論，稱為「朔望排衙」，結束之後就轉往文武廟、天后宮、城隍廟等官祀廟宇參香祭拜。

台北城內除了官廟之外，還有許多民間信仰的廟宇，如奉祀泉州廣澤尊王的鳳安宮。北門外則有魯班廟、老君廟等。另外還有民間宗祠如陳氏家廟和林氏家廟。

不論是官建還是民建，台北城內的祠廟建築，自一九〇〇到一九一〇年代，在日本人對台北的改造之下，幾乎全部拆除殆盡。僅剩下急公好義坊、黃氏節孝坊，以及台北天后宮所用的一批柱珠，目前還留存在二二八公園內。台北城天后宮被拆除後，廟內的二媽祖（金面媽祖）被迎到台北三芝，由鄉民建造福成宮奉祀，台北府城隍廟則是在一九四七年時，由台北城中區居民發起重建，為「台灣省城隍廟」，香火鼎盛。

天后宮戲台想像復原圖

主要參考書目

西式城堡在台北

·鮑曉鷗 著，Nakao Eki譯《西班牙人的台灣體驗（1626-1642）：一項文藝復興時代的志業及其巴洛克的結局》南天書局，2008。

·蕭宗煌、呂理政《艾爾摩莎：大航海時代的臺灣與西班牙=Hermosa: Maritime Taiwan and Spain》國立臺灣博物館，2006。

·歐陽泰 著，鄭維中 譯《福爾摩沙如何變成臺灣府？》，遠流出版公司，2007。

·周宗賢《淡水光輝的歲月》，臺灣商務，2007。

·陳國棟《臺灣的山海經驗》，遠流出版公司，2005。

郁永河採硫磺

·郁永河 原著，許俊雅 校釋，《裨海紀遊校釋》，國立編譯館，2009。

·蕭宗煌、呂理政《艾爾摩莎：大航海時代的臺灣與西班牙=Hermosa: Maritime Taiwan and Spain》國立臺灣博物館，2006。

凱達格蘭族

·林會承〈史料中所見的平埔族聚落與建築〉《中原設計學報》，1999。

·蕭瓊瑞《島民·風俗·畫：十八世紀原住民生活圖像》，東大圖書，1999。

·郁永河 原著，許俊雅 校釋，《裨海紀遊校釋》，國立編譯館，2009。

·馬偕 原著，林晚生 漢譯《福爾摩莎紀事：馬偕台灣回憶錄》，前衛出版社，2007。

·蕭宗煌、呂理政《艾爾摩莎：大航海時代的臺灣與西班牙=Hermosa: Maritime Taiwan and Spain》國立臺灣博物館，2006。

漢人進入台北盆地開墾

·馬偕 原著，林晚生 譯《福爾摩沙紀事：馬偕台灣回憶錄》，前衛出版，2007。

·簡榮聰 編著《臺灣傳統農村生活與文物》，臺灣省文獻會，1992。

·黃雯娟〈清代台北盆地的水力事業〉，《臺灣文獻》第四十九卷第三期，2000。

·許雪姬《臺灣歷史辭典 附錄》，遠流出版，2004。

·吳密察《臺灣史小事典》，遠流出版，2000。

鄉村裡的民居建築：合院

·楊仁江《臺北市民宅（傳統民居）調查》，臺文市文獻委員會，2000。

·鈴木清一郎 著，馮作民 譯《增訂 臺灣舊慣習俗信仰》，眾文圖書公司，1989。

合院的建造

·李乾朗《陽明山國家公園傳統聚落暨建築調查研究》，內政部營建署陽明山國家公園管理處，1988。

・國分直一、潮地悅三郎 原著，陳乃蘗 釋，〈台北盆地閩族農家房屋之構造與設備〉《台北文物》八卷四期，台北市文獻會，1960。

富裕人家的合院：林安泰古厝

・李重耀《林安泰古厝拆遷計劃：中國閩南建築之個案研究》，詹氏書局，1991。

開墾的先鋒：開採樟腦

・林滿紅《茶、糖、樟腦業與臺灣之社會經濟變遷（1860-1895）》，聯經出版社，1997。

・戴寶村《世界第一臺灣樟腦》，國立臺灣博物館，2009。

・陳國棟〈軍工匠首與清領時期臺灣的伐木問題（1683-1875）〉《臺灣的山海經驗》，遠流出版公司，2005。

日益興盛的藍靛與染布業

・蔡承豪《從染料到染坊—17至19世紀臺灣的藍靛業》，暨南大學歷史碩士論文，2002。

・林炯任《三峽藍染業的發展與蛻變》，臺北大學民俗藝術研究所，2008。

台北最早的河港聚落：新莊

・《新莊市志》，新莊市公所，1998。

・陳宗仁《從草地到街市—十八世紀新庄街的研究》，稻鄉出版社，2008。

一府二鹿三艋舺

・吳逸生〈艋舺古行號概述〉《台北文物》第九卷第一期，台北市文獻委員會，1960。

・台北市扶輪社 編著《艋舺百年風華—1905-2005艋舺人物風土誌》，台北市扶輪社，2004。

・卓克華《臺灣的商戰集團》，臺原出版社，1990。

・狄瑞德、華昌琳《臺灣傳統建築之勘查》，境與象出版社，1984。

・馬偕 著，林晚生 漢譯《福爾摩沙紀事—馬偕台灣回憶錄》，前衛出版，2007。

台北地區的械門

・《板橋林本源園林研究與修復》，台大土木研究所都市計劃室，1981。

同安人、大龍峒、保安宮

・吳瑞雲《大龍峒史蹟源流》，台北市大龍國小百週年校慶籌備會，1996。

・莊永明《台北老街》，時報文化，1991。

・楊仁江《大龍峒保安宮之調查研究與修護建議》，臺北市政府，1992。

・藍志玟《台北大龍峒聚落之研究（1802-1945）》，國立成功大學建築研究所歷史理論組碩士論文，2002。

・呂建鋒《台北市大稻埕霞海城隍廟遶境之研究》，2008，國立臺北大學民俗藝術研究所碩士論文。

・鈴木清一郎《增訂臺灣舊慣習俗信仰》，眾文圖書公司，2000。

文風鼎盛的大龍峒和陳悅記老師府

・吳瑞雲《大龍峒史蹟源流》，1996，台北市大龍國小百週年校慶籌備會。

・林文龍《臺灣的書院與科舉》，常民文化，1999。

・漢光建築師事務所《台北市陳悅記祖宅之研究與修護計劃》，台北市政府民政局，2002。

漳州人、芝山岩、士林

・王怡茹〈戰前士林廟街發展之研究：以慈諴宮、士林新街、士林市場為論述中心〉《臺灣文獻》第五十六卷第二期，2005。

淡水港開港通商

・陳國棟《臺灣的山海經驗》，遠流出版，2005。
・周宗賢《淡水輝煌的歲月》，臺灣商務印書館，2007。
・李乾朗《臺北縣縣定古蹟原英商嘉士洋行倉庫調查研究及修護計劃》，臺北縣政府，2003。
・卓克華《從寺廟發現歷史：臺灣寺廟文獻之解讀與意涵》，揚智文化，2003。

新式稅關與領事館建築

・俞怡萍《清末臺灣洋務政策下的建築活動（1863-1895）》，中原大學碩士論文，2002。
・林會承〈台灣清末洋式建築研究（一）洋關、領事館、燈塔及洋行〉，藝術評論第十三期，國立臺北藝術大學，2002。
・周宗賢《淡水輝煌的歲月》，臺灣商務印書館，2007。

馬偕牧師在台北宣教

・李乾朗《淡水馬偕墓調查研究及修護計劃》，臺北縣政府，1999。
・李乾朗《理學堂大書院調查研究及修護計劃》，臺北縣政府，1999。
・馬偕 著，林晚生 漢譯《福爾摩沙紀事—馬偕台灣回憶錄》，前衛出版，2007。
・陳穎禎《加拿大宣教師吳威廉在北台灣的建築生產體系及作品研究》，台北藝術大學建築與古蹟保存研究所碩士論文，2008。

茶產業讓台北成為台灣經濟中心

・陳慈玉《台北縣茶葉發展史》，稻鄉出版社，1994年初版，2004年再版。
・林滿紅《茶、糖、樟腦業與臺灣之社會經濟變遷（1860-1895）》，聯經出版社，1997。
・劉若雯《大稻埕發展史》，中央大學歷史研究所碩士論文，1999。
・池宗憲 編《貴德街史》，台北市文獻委員會，2003。

台北最國際化的地區：大稻埕

・莊永明《台北老街》，時報文化，1991。
・池宗憲 編《貴德街史》，台北市文獻委員會，2003。
・俞怡萍《清末臺灣洋務政策下的建築活動（1863-1895）》，中原大學碩士論文，2002。
・劉若雯《大稻埕發展史》，中央大學歷史研究所碩士論文，1999。
・顏忠賢《日據時期大稻埕店屋空間的文化形式分析》，台大城鄉所碩士論文，1990。

朝氣蓬勃的商店街屋

・顏忠賢《日據時期大稻埕店屋空間的文化形式分析》，台大城鄉所碩士論文，1990。

美輪美奐的富商洋樓

・莊永明《台北老街》，時報文化，1991。
・池宗憲 編《貴德街史》，台北市文獻委員會，2003。
・謝柏宏〈古厝疊上現代化大樓，喊價十五億〉，商業周刊，2002.1.28。
・許賢瑤〈臺灣包種茶之輸出爪哇（1896-1936）〉《臺灣文獻》第五十六卷 第二期，2005。

霞海城隍廟會

・呂建鋒《台北市大稻埕霞海城隍廟遶境之研究》，國立臺北大學民俗藝術研究所碩士論文，2008。
・謝宗榮、李秀娥《霞海城隍廟》，霞海城隍廟，2009。
・鈴木清一郎 著，馮作民 譯《增訂 臺灣舊慣習俗信仰》，眾文圖書公司，1989。
・莊永明《台北老街》，時報文化，1991。

戲曲與布袋戲

- 陳藍古 主持《台北市北管藝術發展史 論述篇》，台北市政府文化局，2002。
- 呂理政《布袋戲筆記》，台灣風物雜誌出版，1992。
- 林茂賢《台灣傳統戲曲》，國立臺灣藝術教育館，2001。
- 陳龍庭〈布袋戲的臺灣化歷程〉《臺灣文獻》第五十七卷第三期，2006。

台灣第一豪族：板橋林家

- 《板橋林本源園林研究與修復》，國立台灣大學土木工程學研究所都市計劃室，1981。
- 許雪姬《樓台重起，上編，林本源家族與亭園的歷史》，台北縣文化局，2009。

台北設府、建省與軍事建設

- 俞怡萍《清末臺灣洋務政策下的建築活動（1863-1895）》，中原大學建築學系碩士論文，2002。
- 周宗賢〈淡水與淡水礮臺〉，《臺灣文獻》第四十卷第一期，1990。
- 劉敏耀〈基隆砲臺研究〉，《臺灣文獻》第五十二卷第一期，2001。

台北城的規畫與建造

- 尹章義〈台北築城考〉，《台北文獻》六十六期，1983。
- 周郁森《清代臺灣城牆興築之研究》，國立成功大學建築學系碩士論文，2003。

建設鐵路

- 俞怡萍《清末臺灣洋務政策下的建築活動（1863-1895）》，中原大學建築學系碩士論文，2002。

台北城內的衙署建築

- 《古地圖台北散步—一八九五清代台北古城》河出圖社 策畫，2004。
- 張崑振〈清代臺灣方志所載官祀建築之時代意義〉《臺灣文獻》第五十六卷第二期，2003。
- 楊仁江《臺灣布政使司衙門之調查研究與修護計畫》，臺北市政府，1991。
- 李瑞宗《臺北植物園與清代欽差行台的新透視》，南天書局，2007。

台北城內的教育建築

- 河出圖社策畫，《古地圖台北散步—一八九五清代台北古城》，果實出版，2004。
- 林文龍《台灣的書院與科舉》，常民文化，1999。
- 俞怡萍《清末臺灣洋務政策下的建築活動（1863-1895）》，中原大學碩士論文，2002。

台北城內的祠廟建築

- 高賢治主編《找尋臺北城的故事—金面媽祖回城特刊》，台北市政府文化局，1996。
- 河出圖社策畫，《古地圖台北散步—一八九五清代台北古城》，果實出版，2004。
- 李乾朗《新竹都城隍廟建築藝術與歷史》，新竹市立文化中心，1998。
- 張崑振〈清代台灣方志所載官祀建築之時代意義〉，《臺灣文獻》第五十六卷，第二期，2005。

YN3009X
圖說清代台北城（風華金典藏版）

作　　者　徐逸鴻
選 書 人　陳穎青
責任編輯　劉偉嘉、陳詠瑜
協力編輯　張瑞
校　　對　徐逸
版面構成　謝宜
封面設計　吳文

行銷業務　鄭詠文　陳
總 編 輯　謝宜英
出 版 者　貓頭鷹

發 行 人　凃玉雲
發　　行　英屬蓋曼群島商家庭傳媒股份有限公司城邦分公司
　　　　　104 台北市中山區民生東路二段 141 號 11 樓
　　　　　劃撥帳號：19863813；戶名：書虫股份有限公司
城邦讀書花園：www.cite.com.tw　購書服務信箱：service@readingclub.com.tw
購書服務專線：02-2500-7718~9（周一至周五上午 09:30-12:00；下午 13:30-17:00）
24 小時傳真專線：02-2500-1990；2500-1991
香港發行所　城邦（香港）出版集團／電話：852-2877-8606 ／傳真：852-2578-9337
馬新發行所　城邦（馬新）出版集團／電話：603-9056-3833 ／傳真：603-9057-6622
印 製 廠　成陽印刷股份有限公司
初　　版　2011 年 9 月
二　　版　2020 年 3 月
定　　價　新台幣 510 元／港幣 170 元
I S B N　978-986-262-409-8

讀者意見信箱　owl@cph.com.tw
投稿信箱　owl.book@gmail.com
貓頭鷹知識網　www.owls.tw
貓頭鷹臉書　facebook.com/owlpublishing

【大量採購，請洽專線】(02) 2500-1919

國家圖書館出版品預行編目資料

圖說清代台北城 / 徐逸鴻著 . -- 二版 . --
臺北市 : 貓頭鷹出版 : 家庭傳媒城邦分
公司發行 , 2020.03
128 面；19×26 公分 .
ISBN 978-986-262-409-8 (精裝)

1. 古蹟 2. 清代 3. 臺北市

733.9/101.6　　108019564

清代台北大事記

年代	西元	台北建築與文化大事	台灣政經大事
天啓4年	1624		荷蘭人放棄澎湖，轉往台南安平
天啓6年	1626	西班牙人占領基隆，於社寮島建造聖薩爾瓦多城（San Salvador），約十年後大致完成	
崇禎元年	1628	西班牙人占領滬尾，建聖多明哥城（San Domingo）	濱田彌兵衛事件
崇禎15年	1642	荷蘭人進攻雞籠，將西班牙人逐出台灣，荷人將聖薩爾瓦多城改名為北荷蘭城（Noord Holland）	
順治元年	1644	荷蘭人重建淡水聖多明哥城	
康熙元年	1662		鄭成功攻台，驅逐荷蘭人
康熙22年	1683		施琅攻台，台灣入清版圖
康熙25年	1686	新莊慈佑宮創建	彰化八堡圳始建，清朝實施班兵制度
康熙33年	1694		台北大地震，台北盆地形成湖泊，稱為「康熙台北湖」
康熙36年	1697		郁永河到台灣採硫磺，總計九個月時間
康熙37年	1698		郁永河完成《裨海記遊》
康熙48年	1709	官方發給泉人開墾組織「陳賴章」開墾許可，翌年正式開墾台北盆地	彰化八堡圳建成，灌溉一萬兩千餘甲
雍正3年	1725	閩浙總督滿保奏請在台灣設立軍工料館，採伐樟木作造船用，伐木費用由製腦補貼，禁私製樟腦	台南三郊成立
雍正5年	1727		黃叔璥完成《番俗六考》
雍正8年	1730	新莊建街	
雍正10年	1732	建淡水福佑宮	
乾隆元年	1736	漳州人林秀俊為首，在板橋平原開發大安圳	
乾隆11年	1746	艋舺天后宮落成	
乾隆13年	1748	新莊街大火	
乾隆17年	1752	創建芝山岩惠濟宮，一七六四年建成	
乾隆22年	1757	新莊地藏庵創建	
乾隆25年	1760	胡焯猷倡建新莊武聖廟，是當時淡北地區最大武廟一七六〇年代新莊劉厝圳、張厝圳、大窠口圳皆開鑿完成	
乾隆28年	1763	建明志書院，是為北台第一間書院	
乾隆30年	1765	瑠公圳建成（乾隆二十五～三十年）	
乾隆32年	1767		八里坌巡檢改新莊巡檢
[illegible]	[illegible]	[illegible]	

年代	西元	台北建築與文化大事	台灣政經大事
同治元年	1862	建台北城內廣澤尊王廟	林國芳遭清廷革職查辦淡水正式開港通商
同治2年	1863	基隆正式開港 艋舺料館改為腦館	戴潮春之亂 第一次樟腦專賣，專賣權由民間包辦，每年向政府繳納一定銀兩。
同治3年	1864	遷建士林慈諴宮於士林新街	
同治5年	1866		英人杜德至淡水種茶
同治6年	1867	英國和清廷訂約，租借淡水紅毛城為領事館之用	
同治7年	1868	建基隆稅關	
同治10年	1871		牡丹社事件
同治11年	1872	馬偕牧師抵淡水傳道	
同治12年	1873	五股坑禮拜堂建成，是馬偕在北台灣建立的第一間正式的禮拜堂 林家在板橋設大觀義學	
同治13年	1874	英國於紅毛城旁新建領事館，一八七七年落成	日本出兵台灣 清廷派沈葆楨赴台
光緒元年	1875	遷建新莊文昌祠於今址 華雅各牧師來台，馬偕在淡水建造兩座宣教士宿舍 馬偕設立大龍峒教會、錫口教會 板橋林家花園內已完成定靜堂、香玉簃等建築	台北設府，於竹塹辦公 總兵吳光亮開八通關古道
光緒2年	1876	義芳居建	
光緒3年	1877	丁日昌在基隆建造運煤鐵路 馬偕在艋舺建立教會 淡水英國領事館建成	
光緒4年	1878	板橋林家五落大厝開始修建 林維源母鍾氏捐款山西賑災，建石坊於新莊 林維讓母鄭氏捐款山西賑災，朝廷賜「積善餘慶」匾	
光緒5年	1879	馬偕建淡水偕醫館 台北府署建成 台北知府陳星聚畫定台北城牆址與市街 建艋舺養濟院	
光緒6年	1880	台北知府陳星聚建登瀛書院，初設於考棚內 建台北府學 舊淡水縣署落成 洪騰雲捐建台北考棚 馬偕在淡水建偕醫館 板橋林家在新莊建「樂善好施」坊	
光緒8年	1882	建黃氏節孝坊	